AF500760

UNE

FAMILLE CHINOISE

OU

HÉROISME DANS LA PERSÉCUTION.

LIMOGES.

[illegible] FRÈRES, ÉDITEURS

BIBLIOTHÈQUE
CHRETIENNE ET MORALE,

Approuvée

PAR MONSEIGNEUR L'ÉVÊQUE DE LIMOGES.

UNE FAMILLE CHINOISE.

Limoges.

BARBOU FRÈRES, ÉDITEURS.

UNE
FAMILLE CHINOISE
OU
HÉROISME
DANS LA PERSÉCUTION.

LIMOGES.
BARBOU FRÈRES, IMPR.-LIBRAIRES.

1852.

UNE

FAMILLE CHINOISE

OU

HÉROÏSME DANS LA PERSÉCUTION.

I.

A l'époque où remonte l'histoire dont j'entrepends le récit, c'est-à-dire vers l'an 1720, il y avait dans l'empire chinois cinq dignités éminentes dont le prince honorait les membres de sa famille. Les trois premières, celles de Régulo, du premier, du second et du troisième ordre, appartenaient aux chefs de famille dont les ancêtres avaient contribué à la conquête et à l'agrandissement de l'empire. Parmi les enfants du Régulo, on en choisissait un pour succéder à la dignité paternelle. Ceux des autres qui s'en rendaient indignes étaient faits Peit-Ré ou Cong. Le dernier et cinquième degré était encore au-dessus de tous les plus grands mandarinats.

L'occupation de ces princes, en remontant du cinquième ordre jusqu'au premier, était, pour l'ordinaire, d'assister aux cérémonies publiques, de se montrer tous les matins au palais de l'empereur, puis de se retirer dans leur propre palais, où ils n'avaient d'autre soin que de gouverner leur famille, les mandarins et les autres officiers dont l'empereur composait leurs maisons. Il ne leur était pas permis de se remplacer les uns les autres, ni de coucher hors de la ville sans une permission expresse.

Parmi les Régulo du troisième, il y en

avait un du nom de Sounou, âgé de soixante-dix-sept ans. Il avait eu treize enfants, parmi lesquels onze vivaient encore et avaient tous des enfants, et seize filles, qui presque toutes avaient été mariées à des princes mongols ou à des mandarins de Pékin : car, selon la loi des Mant-Cheoux, ils ne pouvaient s'unir par le mariage avec les princes du même sang.

Le troisième des fils de ce régulo s'étant signalé par sa sagesse et son habileté, non-seulement dans les emplois militaires, mais encore dans la connaissance des livres chinois et tartares, l'empereur lui en témoigna sa satisfaction en l'élevant à la dignité de cong (régulo du cinquième ordre) ; il lui en assigna en même temps les honneurs et les appointements attachés à cette dignité ; et, ce qui le flattait encore plus, c'est que l'empereur donnait par là à connaître qu'il le destinait à être le successeur de son père.

Naturellement ennemi de tout amusement frivole, il s'occupait à la lecture, et ce fut là voie dont Dieu se servit pour l'attirer à la connaissance des vérités chrétiennes. C'est ce qu'il raconte lui-même à un père de la mission de Chine, qui le priait de lui apprendre ce qui avait donné lieu à sa conversion, et quels en avaient été les commencements. Cette demande alarma d'abord sa modestie, et la peine qu'il en ressentit parut d'abord sur son visage.

« Puisque vous le voulez, dit-il après quelque temps de réflexion, je vous ferai en peu de mots l'histoire de ma conversion. Je vous avoue que j'ai honte d'avoir si long-temps résisté à la voix de Dieu, et d'avoir regardé comme des inventions humaines ses plus redoutables mystères. Je commençai par feuilleter les livres les plus estimés des Chinois, et qui sont entre les mains des lettrés; ensuite l'envie me prit de lire pareillement ceux des sectaires, ceux des *Hochang* et des *Taosse*, pour me mettre au fait des raisons qui les portent à vivre d'une manière si différente du commun des hommes. Je trouvai ces ouvrages semés d'obscurités; je n'y voyais ni principes suivis, ni raisons solides sur les points les plus essentiels. Je m'en prenais alors à mon peu d'intelligence; je recommençais mes lectures avec plus d'application; je consultais ceux de ces sectaires qui passaient pour habiles; je disputais, je proposais mes difficultés, mais leurs réponses ne me satisfaisaient pas; je voyais même qu'ils ne s'accordaient pas ensemble sur le châtiment des méchants ni sur la récompense promise aux gens de bien; enfin rien ne me contentait. Dieu permit qu'un jour je passasse par la foire d'une pagode. J'y vis de vieux livres exposés en vente. L'un de ces livres avait pour titre *De l'âme de l'homme.* Ma curiosité fut piquée; je fis signe à un de mes gens de l'acheter, et je me rendis à mon palais, où, à peine arrivé, je me mis à le lire. Je trouvai que le style en était bien différent des autres que j'avais déjà lus; mais je n'en comprenais ni le sens ni les conséquences, et les difficultés se présentaient en foule à mon esprit.

» J'envoyai chez les libraires chercher de semblables livres qui pussent me donner quelque éclaircissement. Les libraires qui n'en étaient pas fournis, répondirent qu'on n'en trouverait qu'au Tien-tchou-tang, c'est-à-dire à l'Eglise. Je pris ce nom pour l'enseigne du lieu où l'on vendait ces sortes de livres; car, quoique je susse en général qu'il y avait des Européens à Pékin, je n'avais jamais parlé à aucun d'eux, et je ne savais pas même que le lieu où ils demeuraient s'appelât Tien-tchou-tang.

» J'ordonnai donc à un domestique d'en aller acheter ; il revint bientôt avec une quantité de livres qu'il m'apporta en me disant qu'ils ne se vendaient pas ; mais que les Européens les donnaient libéralement à ceux qui en demandaient. Il m'ajouta que leurs catéchistes l'avaient fort entretenu de ces Pères et de la loi qu'ils prêchaient, et que j'en trouverais les articles les plus importants dans les livres dont on me faisait présent.

» Je les lus avec empressement ; j'étais charmé de l'ordre, de la clarté et de la solidité des raisonnements qui prouvaient un Être souverain, unique, créateur de toutes choses, tel enfin qu'on ne saurait rien imaginer de plus grand ni de plus pafait. La simple exposition de ses maguifiques attributs me faisait d'autant plus de plaisir que je trouvais cette doctrine conforme à celle des anciens livres.

» Mais quand je vins à l'endroit où l'on enseigne que le Fils de Dieu s'est fait homme, je fus surpris que des personnes, d'ailleurs si éclairées, eussent mêlé à tant de vérités une doctrine qui me paraissait si peu vraisemblable, et qui choquait ma raison. Plus j'y réfléchissais, plus je trouvais de résistance dans mon esprit sur cet article; c'est qu'alors je regardais un mystère si sublime des yeux de la chair, et je n'avais pas encore appris à captiver ma raison sous le joug de la foi. Enfin je communiquai ces livres à mes frères et à mes parents; ils donnèrent lieu à de fréquentes disputes; nous allâmes plusieurs fois à l'église pour éclaircir nos doutes et fixer nos incertitudes; nous conférâmes souvent avec les Pères et avec les lettrés chrétiens: leurs réponses me paraissaient solides, et mes doutes ne se dissipaient point. Je composai alors deux volumes où je ramassai tous les motifs qui nous portent à croire les révélations divines, et ce que j'avais lu de plus clair et de plus pressant dans les livres de la religion chrétienne. J'y ajoutai les difficultés qu'on peut y opposer, et les réponses qui les éclaircissaient. Je donnai à ce petit ouvrage l'ordre et l'arrangement qui me parurent le plus naturels, n'ayant d'autre vue que d'achever de me convaincre moi-même, et de convaincre ceux de ma famille qui m'attaquaient vivement. Je ne vous dis rien des fréquentes disputes que nous eûmes ensemble en Tartarie, vous les savez; enfin le Seigneur a jeté sur moi des regards de miséricorde, et je me croirais le plus heureux des hommes si le régulo mon père se rendait attentif à la voix de Dieu qui l'appelle. Nous adressons pour cela à Dieu des prières continuelles; obligez-moi, vous et les autres Pères, d'offrir aussi le saint sacrifice à la même intention.

Disons maintenant quelle sorte de difficultés rendaient l'esprit de ce jeune homme flottant et incertain, et donnèrent lieu aux disputes qui eurent lieu en Tartarie entre le prêtre de Dieu et lui.

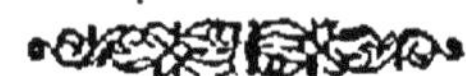

II.

Il y avait environ douze ans que ce prince avait suivi l'empereur en Tartarie pour la grande chasse d'automne. Apprenant que le P. Parennin était du voyage, il ordonna à ses gens de remarquer dans quel endroit on placerait sa tente, et de faire dresser les siennes aussi près du

Père qu'il serait possible, sans néanmoins faire paraître aucune affectation.

Il avait lu alors presque tous les livres composés en langue chinoise sur la loi de Dieu, et il s'en était souvent entretenu avec ceux qu'il avait cru être au fait de ces matières. Il entra donc un jour dans la tente du missionnaire avec le douzième de ses frères, jeune homme de dix-sept ans. Il lui déclara d'abord que, s'il disputait avec lui, ce n'était pas à dessein de le contredire ou de faire parade du peu qu'il savait, mais uniquement pour dissiper ses doutes et s'éclairer sur des vérités qu'il avait de la peine à comprendre; que, pour cela, il le priait de ne pas perdre le temps à lui prouver des choses dont il était persuadé, comme, par exemple, l'existence de Dieu, créateur de toutes choses, etc.

Le Père le satisfit sur toutes ces difficultés, et lui dit, à la fin de la conversation, qu'il ne devait point s'imaginer être le premier qui eût formé de semblables doutes, ni que les réponses qu'il lui avait faites fussent de son invention. « Les Européens, ajouta-t-il, avant de croire et d'embrasser la religion chrétienne, formèrent les mêmes difficultés, et de plus fortes encore; mais enfin ce merveilleux assemblage de motifs que nous avons de croire les détermina, avec la grâce de Dieu, à se rendre, à s'humilier, et à soumettre leur esprit à des vérités qui sont au-dessus de la raison humaine; ils ont douté et pour eux et pour vous; soyez en repos de ce côté-là, et cessez d'être ingénieux à chercher de fausses raisons pour vous dispenser d'obéir à la voix de Dieu qui vous appelle et qui vous presse, par cette inquiétude même que vous éprouvez. Il fait les premières avances sans avoir besoin de vous, et vous reculez comme s'il y avait quelque chose à perdre, ou qu'il voulût vous surprendre. Sachez que le comble du malheur pour vous serait que Dieu cessât de vous solliciter, et vous laissât dans cette malheureuse tranquillité, qui serait suivie, après la mort, de peines et de supplices éternels.

» Mais aussi, de votre côté, faites au moins un pas pour répondre aux invitations de votre Dieu. Vous n'approuvez pas la polygamie, agissez donc conséquemment; commencez par mettre ordre à cet article; disposez-vous par-là, à recevoir de plus grandes grâces, qui feront disparaître vos difficultés et vos doutes. Jusqu'ici vous n'avez fait que disputer, que multiplier vos doutes, et envisager le passage de l'état où vous êtes actuellement, à celui des chrétiens, comme s'il était gardé par des monstres dont vous n'osez approcher, c'est-à-dire que vous manquez de lumières et de forces, et qu'il faut les demander à Dieu avec ferveur et persévérance.

— Je le fais tous les jours, dit le Cong.

— Continuez, reprit le Missionnaire, et soyez sûr que vos prières seront exaucées. »

III.

De retour de Tartarie, il entretint souvent le Régulo son père, et ses frères, de l'excellence de la religion chrétienne. Il leur parlait avec force et en homme pénétré des vérités qu'il leur annonçait. Il les pressait d'examiner du moins les principes qui appuyaient ces vérités, enfin il leur faisait sentir que rien n'était pour eux d'une plus haute importance, puisqu'il s'agissait d'un bonheur ou d'un malheur éternel.

Ses discours ne firent que des impressions légères sur leur esprit ; souvent même, au lieu de l'écouter, ils l'exhortaient à se tranquilliser et à vivre comme ses prédécesseurs, qui étaient d'assez bons modèles à imiter. Il vit pour lors qu'il ne ferait que peu de progrès par la voie de la dispute, où l'on s'interrompt souvent sans rien éclaircir ni déterminer, et c'est ce qui l'engagea à composer le livre dont nous avons déjà parlé.

Dieu y donna sa bénédiction ; il fut lu avec attention. A la vérité, on disputa encore sur les vérités de la religion, mais ce fut avec moins d'entêtement et d'opiniâtreté; ces seigneurs, qui demeurent assez près de l'église des Jésuites portugais, y allaient souvent pour éclaircir leurs doutes. Ils proposaient leurs difficultés avec modestie.

Enfin la grâce triompha de leur résistance ; trois ou quatre d'entre eux se sentirent persuadés, et pensèrent sérieusement à se soumettre à l'Evangile. Il ne leur restait plus à vaincre que certains obstacles qui paraissaient insurmontables à des princes tartares.

Un des plus grands était le Tiao-Chin, culte que les Mancheoux rendent presque tous les mois à leurs ancêtres, depuis la conquête de l'empire. Quelques-uns d'eux avaient mêlé à ce culte diverses cérémonies des cultes de *Fo* et de *Tao* ; et comme ni le prince ni ses frères n'étaient chefs de famille puisque leur père vivait encore, il ne leur était pas libre de faire aucun changement dans ces sortes de cérémonies, ni de s'en absenter plusieurs fois de suite, autrement ils auraient été regardés comme des fils dénaturés. C'était parmi les Tartares un crime égal au crime de rebellion, et qui se punissait avec une égale sévérité.

Un autre obstacle venait du côté du Régulo leur père. Quoiqu'il estimât la religion chrétienne, il ne voulait pas permettre qu'aucun de ses fils l'embrassât, il les menaçait même de les déférer à l'empereur ; la crainte de déplaire à Sa Majesté et d'être en butte aux railleries des autres princes du sang, le faisait ainsi agir contre ses propres lumières. Pour les princes ses enfants, la perte de leurs biens et de leurs dignités, l'éloignement de leurs femmes du second ordre, et les pratiques les plus rigoureuses du christianisme :

« Nous pouvons, disaient-ils, vaincre ces difficultés sans le secours des hommes; nous n'avons besoin que de l'assistance de Dieu, et nous espérons qu'il ne la refusera pas à nos prières. »

C'est ainsi que s'en expliquaient le troisième prince, et son dixième frère, qui, le premier de tous eut le bonheur de recevoir le baptême à l'occasion que nous allons dire.

En l'année 1719, l'empereur Cang-Hi, qui était en guerre avec le roi des Euts, voulut y envoyer son quatorzième fils. Plusieurs princes du sang s'offrirent de l'accompagner, et de servir sous lui en telle qualité qu'il plairait à Sa Majesté. Le dixième prince était pour lors âgée d'environ 27 ans ; il était grand, bien fait de sa personne, et avait la réputation d'un officier fort instruit dans le métier de la guerre. Il s'offrit comme les autres princes, et ses offres furent acceptées.

Déjà depuis quelque temps sa vie était toute chrétienne ; il observait exactement la loi de Dieu ; il ne manquait à aucun des jeûnes ordonnés par l'Eglise ; il partageait son temps entre la prière, la lecture et l'instruction de famille, dont plusieurs furent baptisés avant lui. Il avait souvent prié un Père jésuite, du nom de Suarez, de lui accorder la grâce du baptême ; mais celui-ci, pour éprouver davantage sa constance, avait toujours différé de le satisfaire. Le prince, enfin se voyant sur le point de partir pour un voyage de six cents lieues, renouvela ses instances avec plus d'ardeur que jamais, en déclarant au P. Suarez que, s'il persistait à lui refuser cette grâce, il répondrait à Dieu de son âme ; qu'il était instruit de l'Evangile et résolu d'observer ce qu'il prescrit, au risque même de sa vie ; qu'ainsi l'on ne pouvait exiger rien de plus, que, du reste, on devait songer qu'il n'aurait point la facilité de recevoir le baptême dans un pays où cependant le mauvais air, les maladies, la disette, étaient des ennemis plus redoutables encore que les hommes qu'ils allaient combattre.

Le Père n'eut garde de résister plus long temps à de si saints désirs ; il lui conféra le baptême et le nomma Paul, comme il le souhaitait, à cause de la dévotion particulière qu'il avait pour ce saint apôtre, dont il avait lu plusieurs fois la vie. C'est pourquoi, dans la suite, nous l'appellerons le prince Paul.

IV.

Aussitôt que le prince eut joint l'armée, son premier soin fut d'écrire au Régulo son père et à la princesse sa mère, pour les exhorter à embrasser le christianisme avec toute leur famille. Il écrivit une autre lettre à son épouse, qui déjà avait été instruite des vérités chrétiennes, mais qu'avait fort ébranlée un songe qui était à ses yeux une véritable apparition. Elle fut si touchée des sentiments pleins de l'Esprit de Dieu qui étaient répandus dans cette lettre, qu'elle demanda aussitôt le baptême; on le lui accorda, et elle fut nommée Marie.

Le zèle du prince Paul ne se bornait pas à l'instruction de sa famille et des domestiques qui l'avaient suivi; il annonçait les vérités chrétiennes aux autres princes et aux seigneurs de l'armée, et il les affectionna tellement au christianisme, qu'ils déposèrent leurs moindres préventions, et devinrent de zélés défenseurs de la foi. Ayant appris qu'il y avait dans les troupes huit ou dix soldats chrétiens, il les fit venir en sa présence, et les traita avec tant de bonté et de familiarité, qu'ils en furent confus. Il fit parmi eux les fonctions de missionnaire, prêchant encore plus efficacement par les grands exemples de vertu qu'il leur donnait, que par les fervents discours.

Le Cong, ou troisième prince, à qui on fit part de la conduite de son frère, et des lettres qu'il avait écrites, en fut attendri jusqu'aux larmes. Mais il se reprochait à lui-même de s'être laissé prévenir par un frère à qui il avait donné les premières connaissances de la loi chrétienne. Il résolut dès-lors de finir certaines affaires qui l'empêchaient d'effectuer ses saintes résolutions; la Providence lui ouvrit une voie qui accéléra l'exécution.

Le prince, qui était d'une faible complexion, et dont la santé se trouvait altérée, s'abstenait souvent du palais, où d'ailleurs il ne prenait plus de goût; et déjà, par principe de conscience, il refusait de se trouver à certaines assemblées, nonobstant l'obligation où il était d'y assister selon le devoir de sa charge. L'empereur Cang-hi l'en destitua, pour le punir de sa négligence ; il lui laissa néanmoins une dignité inférieure à la première, avec des appointements proportionnés. Ce prince y renonça peu après, afin d'être tout-à-fait libre, et de ne plus servir que Dieu seul ; il avait déjà congédié une concubine, dont il avait eu un fils qu'il instruisit lui-même, et, qui étant tombé malade à l'âge de onze ans, mourut après avoir reçu le baptême, et devint ainsi auprès de Dieu l'intercesseur d'un père qui lui avait procuré un si grand bonheur. En effet, le prince ne tarda pas à demander le baptême, quoiqu'il n'eût jamais pu en obtenir le consentement du Régulo son père. Il le reçut le jour de l'Assomption de Notre-Dame, en l'année 1721, et fut nommé Jean. Son fils unique, qui fut baptisé en même temps, s'appela Ignace ; peu après toute sa famille, bien instruite, imita son exemple, savoir la princesse Cécile, sa femme, qui instruisit les autres dames ses belles-sœurs ; sa belle-fille, Agnès, que son directeur appelle une héroïne chrétienne; ses deux petits fils, Thomas et Matthieu, l'un âgé de six ans, et l'autre de sept, et deux petites-filles.

L'esprit de ferveur animait toute cette famille; les domestiques furent si frappés de tant d'exemples, et surtout du zèle avec lequel ce prince les instruisait, qu'ils vinrent en foule demander le baptême. Il avait bâti dans son hôtel une chapelle isolée et fermée d'une muraille, où il n'avait laissé qu'une petite porte, en sorte que les étrangers prenaient cet édifice pour une bibliothèque; c'est là que deux fois le jour il assemblait sa famille pour y réciter les prières de l'Eglise et instruire ses domestiques, qu'il traitait également bien, soit qu'ils profitassent de ses instructions, soit qu'ils négligeassent de les suivre. Il leur disait que le respect humain ne devait avoir aucune part dans leur conversion; que la foi est un don de Dieu, qu'il faut le lui demander avec persévérance, et avec une forte détermination de surmonter toutes les difficultés qui se présenteront, quand une fois ils seront éclairés de la lumière céleste. Je goûtais le plus sensible plaisir, quand j'entendais ces bonnes gens me raconter en détail les instructions qu'ils recevaient de leur maître.

Le Régulo n'eut pas plus tôt appris la démarche qu'avait faite son troisième fils, le prince Jean, qu'il ne put retenir sa colère ; elle alla jusqu'à lui interdire l'entrée de son palais, de même qu'à ceux qui s'étaient faits chrétiens ; à leur défendre de paraître désormais en sa présence, et même à les menacer qu'il les déférerait lui-même à l'Empereur.

Cet éclat n'empêcha pas que le onzième de ses fils, touché de l'exemple de ses deux frères, et convaincu de la vérité de la religion chrétienne, ne demandât aussi le baptême : il prit le nom de François; et d'abord, à l'exemple du prince Jean, son frère, il éleva une chapelle dans son palais, où la princesse son épouse, sa fille et leurs suivantes, qu'il avait instruites, pussent être baptisées, et recevoir, dans la suite, les autres sacrements. Car il ne convient point en ce pays-ci que des personnes de ce rang aillent à l'église, où le commun des femmes chrétiennes se rendent deux fois l'année. Un semblable éclat ne pourrait être que très-préjudiciable à la religion.

La conversion du prince François ne put être long-temps cachée au régulo. J'ai déjà dit qu'il estimait la religion chrétienne, mais il craignait moins Dieu que l'Empereur; il appréhendait surtout la décadence de son crédit et de sa fortune. Il avait été général de toutes les troupes de la Tartarie orientale, et en même temps gouverneur de la province de Leatong; il avait exercé cette charge pendant dix ans avec tant de probité et de satisfaction de la part de l'Empereur, qu'à son retour il fut employé aux affaires du gouvernement de l'empire, et devint le chef d'une des huit bannières, c'est-à-dire qu'il gouvernait plus de trente mille personnes dans Pékin, dont il rapportait toutes les affaires de Sa Majesté.

De plus, il avait deux de ses fils, le sixième et le douzième, qui étaient continuellement à la suite de l'Empereur; le sixième, qu'on appelait Lessihin, était sans contredit l'homme de la cour qui s'expliquait le mieux dans l'une et l'autre langue, tartare et chinoise, et qui y brillait le plus par la beauté de son esprit. Il était entré si avant dans les bonnes grâces de l'Empereur, qu'il fut honoré coup sur coup de cinq ou six charges, lesquelles avaient été possédées auparavant par autant de grands seigneurs; il en remplissait les différentes fonctions avec tant d'exactitude, qu'on était surpris qu'il pût suffire à tant d'occupations; en sorte qu'on ne cessait d'admirer l'étendue et la supériorité de son génie.

Le régulo son père crut dès-lors que ce sixième fils serait infailliblement choisi par l'Empereur, à l'exclusion de ses autres frères, pour succéder à sa dignité. Il n'avait garde de soupçonner que lui et son frère, qui était officier des gardes-du-corps, eussent conçu le dessein d'embrasser le christianisme; cependant l'un et l'autre étudiaient continuellement les principes de notre sainte religion; à la vérité, celui-ci s'instruisait plus secrètement. Toutes les fois qu'il me rencontrait seul ou un peu écarté de la foule, il me proposait ses difficultés; mais dès que quelqu'un se joignait à nous, il interrompait aussitôt le discours. Il me pria même de ne point l'entretenir des choses de la religion en présence d'autres personnes.

Son aîné, au contraire, quoique moins avancé dans la voie du salut, parlait partout avec éloge de la religion chrétienne, et même jusqu'à la porte de l'Empereur, où, assis avec les grands, il ne souffrait point qu'on l'attaquât sans prendre aussitôt sa défense. Il tournait en ridicule les différentes sectes de la Chine; il établissait l'unité d'un Dieu, la nécessité de la rédemption après le péché originel; enfin il annonçait librement et sans crainte les vérités de la religion que le prince Jean lui avait enseignées. Il poussa si loin son zèle, et tant de personnes s'offensèrent de la liberté avec laquelle il parlait, que quelque difficulté qu'il y ait d'accuser un favori, il se trouva un prince, qui, sous prétexte d'amitié pour ce jeune homme son parent, en porta ses plaintes à l'Empereur; mais Sa Majesté n'y fit qu'une médiocre attention, et sa réponse fut en termes si généreux, qu'elle ne signifiait rien. C'est un fait que je n'ai appris que long-temps après qu'il était arrivé.

Le prince Lessihin ne cessa pas pour cela de donner des preuves de son attachement au christianisme. Quand il était de retour à la maison, il rendait compte à ses frères chrétiens des raisonnements qu'il avait employés pour confondre ses adversaires, et il les priait de lui fournir de nouvelles armes, afin de mieux combattre les ennemis de la foi. Mais la mort lui ayant enlevé assez subitement son fils unique qui était âgé de deux ans, cette perte inattendue ralentit son courage ; il s'échappa même en des plaintes et des murmures contre la divine providence.

Ayant un jour rencontré le P. Parennin dans le fort de sa douleur, il ne put retenir ses larmes ni ses murmures :

« Où est donc la justice de Dieu, lui dit-il, qui fait prospérer les méchants, tandis qu'il nourrit de pleurs et d'amertume ceux qui croient en lui? Faut-il que les ennemis de son nom insultent à ma disgrâce? »

Le missionnaire l'interrompit en lui témoignant la surprise où il était de lui entendre tenir un pareil langage :

« Ne dites-vous pas tous les jours, ajouta-t-il, que l'Empereur n'est responsable à personne de sa conduite; que nul de ses sujets n'a droit de lui demander compte de ses actions; qu'on doit se soumettre à ses volontés avec respect et sans murmure; qu'on doit croire qu'il ne fait rien sans de bonnes raisons? Cependant vous ne le regardez pas comme une divinité. Vous savez que c'est un homme sujet à l'erreur comme les autres, et capable d'être maîtrisé par ses passions. Que prétendez-vous donc? Voulez-vous avilir la Majesté de Dieu, et la mettre au-dessous d'un homme? Quelle raison avez-vous de vous plaindre, vous qui avez tant de fois prêché aux autres sa justice, sa sagesse, sa bonté? Et qui vous a dit que la mort de votre fils fût un mal? N'est-ce pas plutôt un bienfait de Dieu et pour lui et pour vous? pour lui, puisque ayant été régénéré dans les eaux du baptême, il jouit maintenant d'un bonheur qui ne finira jamais; pour vous, puisque c'est un intercesseur que vous avez auprès de Dieu, et que vous aurez beaucoup moins de peine à congédier la mère de ce fils, qui n'est pas votre épouse légitime?

» Mais je veux que vous ayez raison de faire consister la prospérité dans les honneurs, dans les grands emplois, et dans les richesses; si c'est là votre idée, je vois peu de princes à la cour qui y soient autant honorés que vous, ou qui y aient des emplois aussi considérables que ceux dont vous êtes revêtu; vous avez d'ailleurs des biens proportionnés à vos emplois: vous voilà donc, selon vous, du nombre de ces méchants à qui tout prospère? Et vous vous plaignez de Dieu! etc. »

Il sourit à ces dernières paroles, et il m'avoua qu'à la vérité il aurait de la peine à se faire chrétien avec cet attirail d'emplois et de dignités, et l'assiduité au service qui ne lui laissait presque aucun moment de libre; mais que si une fois il pouvait s'en dégager, sa conversion serait sincère et durable. Il convenait avec moi que les grandeurs et les richesses du siècle n'étaient pas les récompenses que Dieu promettait aux chrétiens, et qu'effectivement elles ne méritaient pas nos empressements. On verra, dans la suite, de quelle manière Dieu l'attira tout-à-fait à lui.

V.

Il n'y a aucun de ces princes dont la conversion n'ait eu quelque chose de remarquable, et dont la ferveur et la vie toute sainte ne méritassent une histoire particulière qui édifierait les gens de bien et exciterait les plus tièdes à la vertu.

Nous donnerons ici une idée générale du mérite et de la vertu de ces illustres néophytes, sans presque garder d'autre ordre que celui du temps de leur conversion à la foi.

Environ deux ans après le départ du grand général dont nous avons parlé, l'empereur le rappela pour venir passer le nouvel an à la cour, et y rendre compte en détail de l'état de l'armée du royaume de Thibet. Il en avait chassé les ennemis, c'est-à-dire les troupes de Tse-Vam-Raptan, qui avait occupé le pays des Lamas, et le ravageait depuis quatre ans. Ce général ramena avec lui le prince Paul, qu'il estimait fort à cause de sa valeur et de son expérience à la guerre : il rendit de lui un témoignage si favorable à l'Empereur son père, que Sa Majesté l'éleva à de nouveaux honneurs, et augmenta ses appointements à proportion des dignités dont elle venait de le décorer.

Mais le prince Paul avait bien d'autres vues ; sa résolution était prise de ne plus servir d'autre maître que Jésus-Christ, et de ne plus combattre d'autre ennemi que ceux de son nom. Il ne fut pas long-temps sans présenter un mémoire au tribunal des princes, où entr'autres choses il disait qu'une incommodité qui lui était survenue aux genoux le mettait hors d'état de monter à cheval ; que, devenant par là inutile pour le service, il n'était pas juste qu'il possédât les dignités, ni qu'il jouît des appointements dont l'Empereur l'avait gratifié, et qu'il suppliait Sa Majesté de vouloir bien agréer sa démission.

Le régulo, président de ce tribunal, était ami du prince Paul ; il fit son rapport de telle manière, que l'Empereur consentit à sa retraite ; il lui laissa néanmoins un titre d'honneur, qui ne l'engageait à aucune fonction. Le prince Paul fut au comble de la joie de se voir libre et dégagé des embarras du siècle; il s'adonna tout entier aux œuvres de piété. Non content d'avoir instruit sa famille, il s'appliqua à gagner ceux de ses parents et de ses amis avec qui il avait le plus de liaison; il était d'une vigilance et d'une attention extrême sur l'état des petits enfants des princes infidèles, qui étaient en danger de mourir, et il allait lui-même les visiter; il les baptisait, lorsqu'il avait fait entendre à leurs parents quel était le bonheur de ces enfants qui mouraient après avoir reçu le baptême.

Enfin ce prince avec ses deux frères chrétiens, Jean et François, s'assemblaient tous les jours chez l'un des trois, pour conférer ensemble sur les moyens les plus propres à avancer l'œuvre de Dieu. Ils convenaient qu'ils ne feraient que de médiocres progrès, si le régulo leur père demeurait dans son infidélité; mais sa présence leur était interdite à tous trois, et il fallait chercher d'autres gens capables de toucher son cœur. Ils jugèrent que personne n'était plus propre à ce dessein que l'aîné de leurs frères. Ses talents naturels, son éloquence modeste et persuasive, son habileté dans la langue tartare, que le régulo préférait de beaucoup à la langue chinoise, toutes ces qualités lui avaient gagné le cœur du bon vieillard. Ce prince était d'un jugement sain, homme de conseil, et son père l'avait souvent employé avec succès dans les affaires de sa maison les plus épineuses.

Il n'était encore que catéchumène; mais il était parfaitement instruit de la loi chrétienne, et il l'observait aussi exactement que ses frères chrétiens. S'il ne fut pas baptisé d'abord, c'est que les missionnaires jugèrent qu'il fallait attendre encore quelque temps jusqu'à ce qu'il eût fait les derniers efforts auprès du régulo son père, parce que s'il eût une fois reçu le baptême, l'entrée de la maison paternelle lui aurait été absolument interdite. Il accepta volontiers la commission dont ses cadets le chargèrent, et il s'y porta avec un zèle sage et discret, avançant peu à peu, et se servant de toutes sortes d'industries pour s'insinuer dans son cœur, et lui inspirer le désir d'embrasser une religion dont il connaissait la vérité, et de laquelle il n'était éloigné que par des vues d'intérêt et de politique.

Pendant ce temps-là, les trois princes chrétiens, qui ne pouvaient rien par le ministère de la parole, imploraient la miséricorde de Dieu envers leur famille. Ils étaient sans cesse au pied des autels; ils faisaient des jeûnes extraordinaires; ils pratiquaient diverses austérités dont on aurait peine à croire que des personnes de ce rang fussent capables; ils faisaient des aumônes considérables; ils fréquentaient les sacrements; ils priaient les missionnaires d'offrir souvent le saint sacrifice pour obtenir de Dieu la conversion d'un père qu'ils aimaient tendrement ; ils fondaient en larmes toutes les fois qu'ils faisaient réflexion que ce père si cher, qui était dans un âge si avancé, aurait infailliblement sa demeure parmi les réprouvés, s'il venait à mourir sans avoir été régénéré dans les eaux du baptême.

Tant de pieux efforts n'eurent pas l'effet qu'ils espéraient ; ils mirent quelques favorables dispositions dans son cœur, mais ils ne le changèrent point. On obtint, à la vérité, qu'il se rendît plus traitable sur l'article de la religion ; mais il laissa toujours entrevoir qu'il était encore bien éloigné du royaume de Dieu. Il persista à ne vouloir point admettre les trois princes ses fils en sa présence : il ne pouvait ignorer néanmoins que plusieurs princesses recevaient le baptême avec leurs filles ; mais il dissimulait, et il se contentait de recommander en général d'être très-réservé, sans quoi on risquerait de perdre sa famille. On paraissait déférer à ses avis, et agir avec plus de réserve ; néanmoins ses fils continuaient d'aller à l'église, de la même manière que si leur père y eût donné son consentement.

VI.

Tandis que le troupeau de Jésus-Christ croissait dans cette illustre famille, la mort enleva de ce monde l'Empereur Cang hi, le 27 décembre 1722. Le même jour son quatrième fils monta sur le trône. On sait les agitations et les changements qui accompagnent d'ordinaire un nouveau règne.

Cependant la famille dont je parle n'eut pas d'abord sujet d'être mécontente ; le vieux régulo fut avancé d'un degré en considération des services qu'il avait rendus à l'Empereur défunt. Cet honneur lui fut d'autant plus agréable, que depuis deux ans il s'était retiré du service ; il avait obtenu la permission de demeurer chez lui, et il ne sortait guère que pour aller de temps en temps s'informer de la santé de l'Empereur. Il était toujours reçu gracieusement de Sa Majesté, qui ne le congédiait jamais sans lui faire quelques présents.

Le prince Lessihin connut bientôt, par sa propre expérience, combien il est difficile d'être le favori de deux maîtres qui se succèdent l'un à l'autre ; on se fait sous le premier des ennemis dont on a d'ordinaire à souffrir sous le second.

L'Empereur régnant était mécontent de quelques-uns de ses frères, surtout du neuvième que nous appellerons le neuvième *Ago*. Il le condamna à rendre de grosses sommes d'argent qu'il prétendait avoir été mal acquises sous le règne de son père, et à partir ensuite pour l'armée; et comme il n'était guère plus content du prince Lessihin, et qu'il cherchait une raison de l'éloigner, il lui donna ordre d'exiger cette somme et d'en poursuivre la restitution. Le prince Lessihin s'aperçut bien que c'était un piége auquel il ne pourrait échapper. Effectivement, l'ago ne se pressant pas de donner l'argent qui lui était demandé, ni de partir, sous prétexte du temps qu'il lui fallait pour amasser une si grosse somme, et d'une maladie qui lui était survenue, l'Empereur accusa le prince Lessihin de ces lenteurs affectées; il lui fit une sévère réprimande sur la négligence avec laquelle il exécutait ses ordres; il lui reprocha d'avoir de plus grands égards pour l'ago que pour lui, qui était son maître; il lui fit un crime des anciennes liaisons qu'il avait eues avec le prince, et enfin il lui ordonna de le suivre à l'armée.

Le prince Lessihin sentit bien qu'on ne voulait point de justification ; aussi ne se mit-il pas en devoir de faire son apologie ; il se contenta de frapper la terre du front, selon la coutume de l'empire, et il se retira pour se préparer à son voyage qu'on lui commandait de faire à la suite de l'ago. Cependant, parce que l'Empereur lui donnait à l'armée un emploi qui répond à celui de nos maréchaux, il crut qu'il était de son devoir d'aller saluer Sa Majesté et de lui demander ses instructions, selon l'usage. Il se rendit donc au palais la veille de son départ, qui était fixé au 5 avril de l'année dernière, et il s'y fit accompagner par son douzième frère, qui était devenu *taitou-ambam*, c'est-à-dire grand-maître des équipages de l'Empereur, soit pour la guerre, soit pour la chasse.

S'étant présenté à celui qui est chargé de rapporter ces sortes d'affaires, l'Empereur, averti que le prince Lessihin demandait ses ordres, entra dans une grande colère, et lui fit dire qu'il le trouvait bien hardi d'être venu au palais. Le prince répondit à genoux qu'il venait avec son frère, le taitou-ambam, prendre les derniers ordres de Sa Majesté : Les voici, répliqua l'Empereur : partez demain, vous et votre frère. Un ordre si sévère fut un coup de foudre qui fit trembler tous les grands; mais ce fut véritablement un coup de prédestination pour ces deux princes, qui acheva de rompre tout-à fait les liens qui les tenaient encore attachés aux honneurs du siècle. C'est bien ici qu'on peut dire que les voies de Dieu sont incompréhensibles.

Le douzième prince devait naturellement être frappé de se voir tout-à coup, et sans nulle raison, enveloppé dans la disgrâce de son frère. Il prévoyait qu'au lieu des prétendus ennemis qu'on l'envoyait combattre, il devait s'attendre à languir dans une dure prison; cependant il ne se troubla point; il sortit sans se plaindre, et, au lieu de songer à mettre ordre à ses affaires domestiques, son premier soin fut d'aller à l'église demander le baptême : il témoigna au missionnaire qu'il ressentait une vraie joie de ce que Dieu avait fait naître pour lui cette occasion d'exécuter la résolution qu'il avait prise depuis longtemps de ne servir que lui seul. Il fut nommé Joseph.

Le prince Lessihin, qui était tombé d'un rang bien plus élevé, ressentit aussi plus vivement cette disgrâce. Il n'avait pas encore les dispositions nécessaires pour recevoir la même grâce que le prince son frère; mais, pendant le voyage, il eut le temps de réfléchir sur l'inconstance de la fortune et l'instabilité des choses humaines, sur l'injustice des hommes et la vanité de tout ce qu'il y a de plus grand dans le monde. Dieu toucha en même temps son cœur par sa grâce, et il résolut de se faire chrétien, regardant cet état comme le seul où l'on puisse trouver une paix solide; avec l'assurance certaine de n'être jamais véritablement malheureux.

Ces deux princes étant arrivés avec le neuvième ago à Sinim, ville située à quatre cents lieues à l'ouest de cette cour, sur les limites de la Chine, furent logés séparément dans des maisons ordinaires; mais ils étaient soigneusement surveillés par une garde composée d'un bon nombre d'officiers et de soldats. Ce fut là que le prince Lessihin acheva de s'instruire par les soins du P. Jean Mouram, jésuite portugais, qui avait suivi le neuvième ago, et il fut baptisé le même jour que notre Seigneur vint au monde pour sauver les hommes; on le nomma Louis.

VII.

Les princes Louis et Joseph commencèrent dès lors à mener une vie toute nouvelle : la prière, la lecture, l'instruction de leurs domestiques étaient leur occupation ordinaire. Ils écrivirent à leur famille des lettres très-pressantes, pour l'exhorter à se faire instruire et à recevoir le baptême. Les princesses, leurs épouses, qui n'attendaient que le consentement de leurs maris, et que la princesse Marie, leur belle-sœur, avait déjà instruites, s'empressèrent d'embrasser la foi avec plusieurs de leurs filles et de leurs suivantes : toutes ensemble joignirent leurs prières à celles que l'on continuait de faire pour la conversion du vieux régulo, qui ne pouvait manquer d'être suivie de celle d'un grand nombre de personnes de toute sorte de conditions et d'états.

Le prince aîné s'y appliquait de toutes ses forces; mais, voyant qu'il n'avançait que fort lentement, il s'avisa de s'associer un autre prince qui avait été baptisé secrètement à Pékin au temps que le prince Paul partit pour la guerre; il s'appelait Joseph. Sa femme avait le nom de Marie, et sa fille se nommait Paula ; il vivait dans une grande retraite et d'une manière très-exemplaire; il avait une parfaite connaissance de la religion, et en parlait avec dignité. Les princes, enfants du régulo, l'appelaient leur oncle, parce qu'à compter depuis le fondateur de la dynastie, il se trouvait de niveau avec leur père; ainsi son âge et sa naissance devaient lui donner sur l'esprit du régulo une autorité que des enfants ne peuvent jamais acquérir.

Pour les lier ensemble et les engager en quelques conversations, le prince aîné entretenait souvent son père du mérite du prince Joseph; il lui parlait avec de grands éloges de son courage, de sa fermeté et de sa constance dans les pratiques de la vertu, de son habileté dans la connaissance des livres, et de tout ce qui concernait la loi chrétienne, soit qu'il voulût la défendre, soit qu'il voulût la combattre. Ces éloges, qui n'avaient rien d'affecté, et qui étaient jetés comme au hasard dans les divers entretiens qu'il avait avec son père, firent naître à ce bon vieillard le désir de voir et d'entendre le prince Joseph ; mais, comme une pareille entrevue ne se pouvait pas faire commodément dans leurs maisons, on convint qu'ils se rendraient tous deux à l'église ; où, en effet, ils se trouvèrent un jour de fête. La conversation fut longue et roula toute sur la religion, principalement sur les points qui révoltaient le plus l'esprit du régulo. Il parut satisfait de ce premier entretien, et surtout du prince Joseph, dont jusque-là il n'avait pas si bien connu le mérite.

Le prince aîné tâchait d'entretenir ces favorables dispositions, et pour cela il lui parlait sans cesse des mystères de notre sainte foi, principalement de la bonté de Dieu dans l'incarnation, de la récompense promise aux gens de bien, et des redoutables châtiments que Dieu exerce sur les méchants; enfin de tout ce qui pouvait le plus toucher et attendrir son cœur.

Un jour il lui expliqua en détail les cérémonies de la semaine-sainte, auxquelles il venait d'assister, et il le fit d'une manière si touchante, que le régulo voulut entendre les prières des chrétiens et se trouver à une messe qui fût célébrée avec plus d'appareil qu'à l'ordinaire dans l'église, qu'on avait extraordinairement parée. Il fut content, et depuis ce temps-là il vint assez souvent à l'église pour s'y prosterner devant l'autel et y adorer Jésus-Christ; il envoya même de quoi acheter des cierges et des parfums; enfin il vit volontiers les missionnaires et les traita toujours avec politesse et amitié, jusqu'à leur faire des présents de fruits et d'autres choses de cette nature. Ses enfants chrétiens, et ceux même qui étaient encore infidèles, se réjouissaient de ce changement et en concevaient de grandes espérances. Quoique jusque-là ils n'eussent fait paraître aucune envie d'être chrétiens, ils souhaitaient ardemment la conversion de leur père, afin de l'imiter avec moins de risque. Il n'y en avait aucun dans cette famille qui n'eût conçu une grande estime de la loi de Dieu, et qui ne permît à ses domestiques de l'embrasser. Néanmoins ils n'ignoraient pas la persécution qui venait de s'élever dans la province de Fakien; mais le mal n'était pas encore parvenu jusqu'à Pékin, Ce ne fut que le 25 de décembre de l'an passé, qu'on y apprit que l'accusation des deux premiers mandarins de Fokien avait été portée à l'Empereur, qui l'avait remise au tribunal des rites pour en délibérer.

Cette nouvelle, qui devait naturellement plus ébranler ces princes que les autres chrétiens, parce qu'ils avaient beaucoup plus à perdre, ne ralentit point leur ferveur. Ils aidèrent les missionnaires de leurs conseils, de leurs prières et de tout leur pouvoir; mais leurs efforts et les nôtres furent inutiles, et, le 12 de janvier de cette année 1524, la sentence fut publiée contre la religion et contre les missionnaires.

VIII.

Ce triste événement fit faire au vieux régulo des réflexions qui l'intimidèrent, et il renouvela les menaces qu'il avait faites aux princes ses enfants; mais, quand il vit que les missionnaires n'étaient pas renvoyés de Pékin, ses frayeurs se dissipèrent, et il se tranquillisa. Ses enfants chrétiens continuaient toujours d'aller à l'église et d'y fréquenter les sacrements, pour se fortifier davantage dans ces temps de contradictions, où leur foi allait être exposée à de rudes épreuves; mais, parce que l'Empereur venait de défendre sous de rigoureuses peines toute sorte d'assemblées, soit dans les pagodes, soit ailleurs, nous fûmes aussi obligés de prendre des mesures de prudence et de sagesse, et d'enjoindre aux chrétiens de ne venir à l'église que par petites troupes, de peur qu'un trop grand concours n'attirât un ordre de la tenir fermée.

Les PP. portugais prièrent aussi ces seigneurs de modérer leur zèle, et d'y venir un peu plus rarement, jusqu'à ce qu'on eût vu quel tour prendrait cette affaire. Ils répondirent d'abord que le premier officier des gardes de leur quartier était un homme de leur dépendance, et qu'il n'y avait point à craindre qu'il se fît leur délateur.

Tout ce qu'on put obtenir d'eux, ce fut qu'ils s'y rendraient sans équipage, dans des voitures de particuliers ou en chaises, et qu'ils y viendraient de grand matin pour entendre la première messe. Rien de plus édifiant que la piété avec laquelle ils y assistaient; loin de chercher dans l'église, comme on fait en Europe, les places les plus distinguées et les plus commodes, ils se mettaient à genoux indifféremment, les uns confondus parmi le peuple, les autres dans un coin et à l'écart, d'où ils pouvaient voir le prêtre à l'autel, et où ils n'étaient vus que de Dieu seul. Il était rare qu'ils sortissent après la première messe; ils entendaient d'ordinaire toutes celles qui se célébraient, de même que les longues prières que les chrétiens récitent à haute voix à la fin de la dernière messe; et ils assistaient à tous ces exercices avec une modestie admirable, et dans la posture la plus respectueuse. Accoutumés qu'ils sont de se tenir dans le plus profond respect en présence de l'Empereur, ils se croient infiniment coupables s'ils respectaient moins l'auguste sacrifice qui s'offre au souverain Maître des rois et des empereurs, et ils seraient étrangement scandalisés s'ils étaient témoins de ce qui se passe souvent dans nos églises d'Europe.

Après avoir commencé si saintement la journée, ils en sanctifiaient le reste dans leurs palais par la lecture des livres de piété, par l'instruction de leurs domestiques, et par la prière que chacun d'eux faisait faire en commun dans sa famille. Et comme parmi les princesses chrétiennes et les autres dames, il y en avait peu qui connussent les caractères chinois, et qu'elles souhaitaient de comprendre le sens des prières vocales de l'église, elles prièrent le P. Suarez, leur confesseur, de leur en procurer une traduction en langue tartare.

Effectivement, quoiqu'il n'y ait personne qui ne sache parler la langue chinoise, il y en a peu cependant qui entendent ce qui est écrit d'un style un peu relevé, quand on leur en fait la lecture, ou bien qu'ils le récitent eux-même après l'avoir appris par cœur.

Quand la traduction de ce qu'il y avait de plus essentiel fut achevée, on l'envoya au prince Jean et au prince Paul pour la revoir et corriger les fautes qui auraient pu s'y glisser contre la finesse du langage. On voulait leur faire traduire en langue tartare des livres qui traitent de la religion; mais ils s'en excusèrent toujours, en apportant pour raison, qu'outre le peu d'habitude qu'ils avaient de traduire, il était presque impossible qu'il ne leur échappât quelque chose de moins exact par rapport au dogme, et que les saintes vérités n'en fussent altérées.

A cette occasion, ils renouvelèrent les instances qu'ils lui avaient déjà faites d'aller les voir, parce que, quelque envie qu'ils eussent de rendre visite aux Pères français, ils n'avaient plus la liberté d'aller dans leur église que dans celle des Portugais. L'église française est dans l'enceinte extérieure du palais; et, pour s'y rendre, il faut passer par une porte et par une rue où se trouvent à tous moments des régulos et des mandarins qui vont et qui viennent; ils n'eussent pas manqué d'être découverts, ce qui aurait eu des suites très-fâcheuses.

Le Père leur promit donc de les aller voir, et il se rendit chez eux au jour et à l'heure convenus. Il les trouva presque tous assemblés à l'hôtel du prince Paul, lequel est le plus grand et le plus orné. Il fut véritablement frappé du changement qui s'était fait en leurs personnes, et qui parais-sait jusque dans leur extérieur. On ne voyait plus en eux ce faste et certains airs de fierté que les grands affectent encore plus ici qu'ailleurs, mais une modestie surprenante, et des manières si humbles qu'elles me faisaient de la peine.

Comme il paraissait confus des honneurs extraordinaires qu'ils lui rendaient, ils répondirent qu'ils ne pouvaient avoir trop de vénération pour des personnes qu'ils regardaient comme leurs pères, qui avaient eu le courage de tout sacrifier pour leur procurer la vie de l'âme, qui étaient les ministres du Dieu vivant, qui lui sacrifiaient tous les jours la chair de Jésus-Christ, et qui nourrissaient les peuples de cette viande salutaire.

Enfin, après les civilités, ils lui dirent qu'ils avaient plusieurs difficultés à lui proposer, et qu'ils en avait mis quelques-unes sur le papier, de peur qu'elles ne leur échapassent de la mémoire. Mais ce n'était plus, comme autrefois, par esprit de chicane et de contradiction qu'ils proposaient leurs doutes ; ils n'avaient en vue que de s'instruire de leurs devoirs et des moindres choses sur les obligations de la loi, sur ce qui était péché ou ne l'était pas. Ils poussaient même le scrupule jusqu'à des minuties telles que pourraient faire de jeunes personnes qui ont embrassé la vie religieuse.

En voici deux exemples racontés par le Père lui-même.

C'était pour lors le temps du carême. Le prince Paul et le prince François l'observaient exactement, même les jours qu'ils eussent pu s'en dispenser sans offenser Dieu. Pour ce qui est du prince Jean, il ne jeûnait que rarement ; son confesseur le lui avait défendu à cause de ses maladies habituelles, et parce que presque tous les jours il renait quelque remède : d'ailleurs il ne mangeait que très-peu, mais il ne pouvait observer aucune règle; son mal l'obligeait de prendre des aliments à quelque heure que ce fût, ou du jour ou de la nuit, selon que la nécessité le demandait: c'était là la source de son scrupule.

« Mon confesseur me défend de jeûner, me dit-il, je dois lui obéir; cependant ma famille, mes domestiques, tous jeûnent avec exactitude. Parmi tant de gens, est-il possible qu'il n'y en ait pas quelqu'un qui ne se scandalise de ma conduite, et qui ne murmure, du moins en secret, de voir que, dans ce temps de pénitence et de mortification, je me traite avec tant de délicatesse? c'est ce qui me fait de la peine: je crains que quelques-uns ne se relâchent par l'impression que peut faire mon exemple, et ne s'autorisent à diminuer de la sévérité du jeûne.

» Voici un autre sujet d'inquiétude, m'ajouta-t-il: il y a trois jours que, pendant la nuit je ne pouvais m'endormir à cause d'un certain bruit que j'entendais hors de ma chambre; j'appelai les domestiques pour m'informer de ce que c'était; ils se levèrent, et, ne trouvant rien, ils allèrent se recoucher; le bruit recommença, je les fis encore lever, et la princesse mon épouse, qui entendit le bruit, se leva pareillement; tous ensemble ils allèrent examiner de quoi il s'agissait; ils trouvèrent que c'était une fenêtre mal arrêtée que le vent agitait; ils y mirent ordre, et se retirèrent. Je commençai alors à réfléchir sur la faute que je venais de faire : Quoi! me dis-je à moi-même, pour ma commodité particulière, et pour dormir à mon aise, faut-il que j'aie incommodé tant de gens, que je les aie fait lever deux fois dans une nuit assez froide? Ne pouvais-je pas prendre patience et considérer Jésus attaché à la croix? Je vous prie, mon père, de me dire si la faute que j'ai commise en cela est bien grande. »

Les princes ses frères, continue le Père dans sa relation, me proposèrent beaucoup d'autres difficultés qui marquèrent également quelle était la délicatesse de leur conscience, et qui feraient confusion aux chrétiens les plus fervents d'Europe. J'admirai surtout leur zèle à instruire le prochain. Comme ils craignaient d'avancer quelque chose dans leurs instructions qui ne fût pas assez exact, ils me firent une infinité de questions. Je ne pus répondre qu'à une partie en six heures de temps qu'ils me retinrent; ils me firent promettre de retourner bientôt les revoir, et je le fis plusieurs fois, croyant ne pouvoir rien faire de plus utile que d'instruire à fond de tels catéchistes qui peuvent pénétrer et porter la lumière de l'Évangile dans des lieux où nous n'avons nul accès, et où ils sont toujours mieux venus, et écoutés evec plus d'attention que les plus habiles missionnaires.

Un jour le prince Jean me demanda l'explication d'un passage de l'écriture sainte; après la lui avoir donnée, je lui dis qu'il l'avait sans doute déjà lue dans l'explication des Évangiles, imprimée depuis long-temps. « Cela est vrai, me dit-il, mais les livres ne disent pas tout, et ne répondent pas à tous les doutes. J'apprends toujours quelque nouvelle chose, lorsque j'entends les missionnaires expliquer l'écriture; mes doutes s'éclaircissent, et mes connaissances se développent peu à peu. Quand je me fis chrétien, ajouta-t-il, je croyais fermement les vérités de la religion et ses mystères; j'avais demandé cette grâce à Dieu pendant trois ans, et il me l'avait accordée. Depuis que j'ai reçu le baptême, la foi s'est bien autrement fortifiée dans mon cœur : les difficultés qui me restaient se sont entièrement applanies : par exemple, je n'avais jamais bien compris, comme je fais à présent, l'amour infini de

Jésus-Christ pour les hommes dans le mystère de l'incarnation, et je fais maintenant mes délices de penser à ce qui révoltait si fort mon esprit dans un autre temps. »

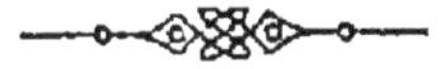

IX.

On ne finirait point, si l'on voulait raconter en détail tout ce qui se passait d'édifiant dans ces conversations ; ils les finissaient toujours par prier le Père d'offrir le saint sacrifice de la messe, pour obtenir de Dieu la conversion de leur père.

« Notre frère aîné, lui disaient-ils, s'y

emploie avec toute l'ardeur possible, quoiqu'il n'ait pas encore reçu lui-même la grâce du baptême; nous craignons que ses paroles ne soient pas efficaces. Il faut vous donner la peine de l'aller visiter vous-même avec le P. Suarez, qui l'a déjà vu plusieurs fois : il vous a connu en Tartarie ; vous lui parlerez *mant-cheou*, et vous lui ferez plaisir. »

Il accepta volontiers cette offre, et l'aîné des princes en fit bientôt naître l'occasion, afin qu'il ne parût rien d'affecté dans cette visite. Mais laissons parler le P. Parennin lui-même :

Ce régulo, dit-il, reçut les Pères avec cet air aisé et familier si naturel à tous ceux de sa famille. Il me fit d'abord quelques questions sur la géographie de la pointe orientale de la province de Leaotong, parce qu'il savait que j'y avais été ; mais quand je faisais tomber le discours sur la religion, il ne répondait presque rien ; et comme s'il eût appréhendé de s'engager trop avant, il détournait adroitement le discours sur des matières de pure curiosité, et il terminait la conversation par les compliments ordinaires.

Deux choses surtout retenaient ce prince dans ses premiers engagements : la crainte de l'empereur, et la persuasion où il était, qu'ayant toujours vécu en homme d'honneur, sans faire tort à personne, Dieu, qu'il honorait, était trop bon pour vouloir le damner ; et que si les offrandes qu'il lui faisait à sa manière ne lui étaient pas agréables, il n'aurait jamais donné la victoire à une poignée de Tartares-Mant-cheoux, contre tant de millions de Chinois, ni la force de conquérir et de conserver un si grand empire ; qu'enfin tant de traits de la protection divine sur la nation tartare faisaient assez connaître qu'on pouvait se sauver dans la religion des Mant-cheoux.

Peu de jours après ces visites, le régulo donna ordre à son fils aîné d'avertir ses frères et ses neveux de ne plus aller à l'église en foule, comme ils avaient fait à la dernière fête, où il les avait fait observer, et même de n'y plus aller si souvent, afin de ne pas donner occasion à des recherches qui exciteraient infailliblement un grand orage. Cet orage s'accordait assez avec les avis que les pères avaient déjà donnés aux chrétiens. Sur cela les princes s'assemblèrent chez le prince Jean pour délibérer ensemble. Tous convinrent que leur père avait raison, et qu'il fallait déférer à ses ordres; que c'était même beaucoup qu'il permît d'y aller quelquefois; mais il ne pouvait déterminer qui d'entre eux irait à l'église les dimanches et les fêtes, ou s'en abstiendrait; aucun d'eux ne voulait céder cet avantage à l'autre. Ils convinrent de s'en rapporter à ma décision et à celle du P. Suarez. Ils nous envoyèrent donc prier de nous rendre incessamment chez eux pour une affaire importante. Comme j'étais le plus éloigné, je partis sur-le-champ. Je demandai, en chemin faisant, à l'officier qui était venu me quérir s'il savait quelle était cette affaire : car dans un temps de persécution comme celui-ci, je craignais qu'il ne fût arrivé quelque incident; comme il me répondit qu'il ne s'agissait que d'une légère contestation qui était survenue entre eux, j'eus l'esprit en repos.

En effet, lorsque nous fûmes arrivés l'un après l'autre chez le prince Jean, et que nous eûmes entendu le fait qu'ils nous expliquèrent, nous leur répondîmes que, pour le premier article, le régulo avait raison; que, pour le second, ils devaient s'accorder ensemble, et que nous serions bien aise de les voir se déterminer eux-mêmes. Le prince Jean, qui craignait qu'on lui donnât l'exclusion, parla le premier : « Il est clair, dit-il, que ceux qui sont chrétiens ont une obligation étroite d'entendre la messe tous les jours de fêtes sous peine d'un grand péché, à moins que des raisons essentielles ne les en dispensent ; » après quoi il se tut sans faire aucune application aux autres princes, qui n'étaient que catéchumènes. L'aîné vit d'abord que cette réponse s'adressait à lui aussi bien qu'à ceux de ses frères qui n'avaient pas reçu le baptême, et il répondit pour tous en ces termes :

« Nous n'avons garde de vous faire manquer à des devoirs essentiels, ni de rien exiger de vous qui soit contraire à vos obligations ; c'est pourquoi nous prendrons si bien nos mesures que nous ne nous trouverons jamais à l'église quand vous y serez. Par ce moyen, il n'y aura point de foule, nous ne donnerons lieu à aucun soupçon, et chacun sera content. » Nous applaudîmes tous deux à cette résolution ; ainsi finit la dispute, qui certainement ne demandait pas notre présence ; mais, avant que de les quitter, il fallut encore essuyer une infinité de questions, et résoudre beaucoup de doutes.

Comme je sortais, le prince Paul m'invita à venir voir sa chapelle, parce qu'il avait à me consulter sur la disposition des tableaux. Je lui dis naturellement qu'il aurait pu m'en parler le dernier jour que j'eus l'honneur d'aller chez lui. Il me répondit en riant que c'était à dessein qu'il ne m'en avait rien dit, que sa vue était de me fournir une raison qui m'engageât à le venir voir une autre fois, et de profiter du temps que je lui accorderais pour s'instruire de plus en plus de ses obligations. J'y allai donc, et je ne crains point d'exagérer en disant que je vis la plus belle chapelle qui soit à la Chine ; je pourrais même ajouter qu'elle ne déparerait pas le palais d'un prince en Europe. Il a choisi exprès un espace qu'il a fermé de belles murailles, sans déranger l'ordre et la symétrie de son hôtel. On y entre par une belle porte, et l'on voit d'abord une terrasse élevée de trois pieds, assez profonde et assez large; elle est revêtue de pierres blanches, et pavée de briques taillées, polies et vernissées d'une huile cuite et luisante : le tout si bien joint qu'on dirait que ce n'est qu'une seule pièce. Au bout de cette terrasse s'élève le bâtiment qui fait le corps de la chapelle. Ce qui en paraît au-dehors, le bois de charpente, les portes, les fenêtres, tout éclate d'or, de vernis et de peintures; les angles sont de briques et de pierres travaillées avec art et mêlées de divers ornements chinois; la couverture est aussi très-propre, et ornée de fleurs ciselées dans les arêtes du toit. J'avoue que je fus frappée en considérant le dehors de cet édifice.

La grande porte qu'on ouvrit a quatre battants. Je ne dirai pas de quel bois elle est, parce qu'en dehors et en dedans elle est toute peinte d'une couleur rouge mêlée d'huile aussi luisante que le vernis, et semée de filets d'or, dont les figures me parurent fort agréables. De ces quatre battants, il n'y a que les deux du milieu qui s'ouvrent d'ordinaire, et qui se replient en dedans sur les deux autres qui demeurent arrêtés; mais, quand on a besoin de place, soit aux jours de cérémonie ou quand il y a beaucoup de monde, ils peuvent aisément s'ouvrir tous quatre, et même s'ôter tout-à-fait. Pour lors le pavé de la terrasse qui est, à quatre pouces près, de niveau avec celui de la chapelle; sert à agrandir de moitié l'espace dont on a besoin, quand il y a un grand concours de fidèles.

Dans le fond de la chapelle, on voit un retable doré, fait par un ouvrier habile, et qui sait travailler sur les modèles d'Europe. Au milieu est un tableau de la très-sainte Trinité ; d'un côté, celui de l'Ange gardien, et de l'autre, celui de saint Joseph, tous peints à l'huile et d'une main chinoise ; mais ils ont été retouchés par le frère Castillon, jésuite milanais, et habile peintre. L'autel, les gradins, la croix, les chandeliers, les vases, les fleurs, les cassolettes et tous les autres accompagnements sont d'un fort bon goût. En un mot, tout y brille d'or, de vernis et de peinture; le pavé même est si luisant qu'il faut le couvrir de tapis de peur d'y glisser.

Vous jugez assez du plaisir que je ressentis en voyant ce prince qui ne s'occupait que du culte du Seigneur, et qui n'épargnait nulle dépense pour lui dresser des autels. Comme je le félicitais de son zèle, il m'interrompit pour me demander s'il y manquait quelque chose, et qu'il l'ajouterait aussitôt : « Non, lui dis-je, il n'y manque plus qu'un bon nombre d'adorateurs du vrai Dieu; puisque vous avez commencé à sanctifier votre autel, vous ne devez plus y laisser aucun serviteur du démon, mais il faut les gagner tous à Jésus-Christ.

Il me répondit sur cela qu'il y avait plusieurs personnes de l'un et l'autre sexe, tant dans sa famille que dans celles de ses frères et de ses neveux, qui n'attendaient que la bénédiction de cette chapelle, les uns pour y être baptisés, les autres pour y faire leurs dévotions ; qu'il me priait de presser le P. Suarez de venir faire au plus tôt cette cérémonie ; que de différer d'un seul jour, c'était beaucoup perdre, et qu'il attendait cette grâce avec une extrême impatience.

Le jour fut donc arrêté pour cette cérémonie ; elle se fit avec beaucoup d'appareil. Six missionnaires y étaient invités, mais il n'y en eut que quatre qui purent y assister. Nous trouvâmes, à notre arrivée, que le prince avait déjà rassemblé dans son hôtel ses frères, ses neveux et ses arrière-neveux, les uns déjà chrétiens, les autres catéchumènes, avec d'autres fidèles lettrés de ses amis. La chapelle fut bénite avec toute la solennité que prescrit le rituel romain; après quoi se fit la prière, que tous récitèrent à genoux, chacun dans son rang.

Quand nous fûmes sur le point de sortir de la chapelle, tous les princes, petits et grands, fléchirent les genoux et battirent la terre du front pour nous remercier; nous leur rendîmes le salut à la manière du pays : tout le monde s'étant levé, quelques-uns des pères donnèrent au prince Paul des reliques bien enchâssées, des croix et des médailles qui portent avec elles des indulgences; il les reçut à genoux dans un profond respect, et avec une joie qui éclatait sur son visage et dans ses paroles. Rien de plus édifiant que la confiance que ces princes ont en ces choses saintes; aussi leur piété a-t-elle été récompensée de Dieu par des grâces toutes particulières.

De là, nous fûmes conduits dans une grande salle bien préparée pour nous y asseoir, et y prendre le thé. Ce fut alors que la princesse Marie, qui, de son côté, avait pareillement rassemblé dans un appartement séparé les dames ses belles-sœurs, ses nièces, les conduisit dans la chapelle nouvellement bénite, pour y faire leurs prières, après quoi les ramena dans son appartement pour les y traiter, tandis que son mari, le prince Paul, nous traitait dans la grande salle. Tous les conviés furent régalés splendidement : le repas fut servi avec un bel ordre, et par des officiers proprement vêtus. Le prince Paul en faisait les honneurs, et tout s'y passa sans la moindre confusion.

Si la musique et la comédie ne s'y

trouvèrent pas comme aux autres festins des Chinois, la joie et la piété y régnèrent. L'entretien roula principalement sur la forme et la grandeur de la chapelle qui serait construite à la conversion de leur père : celle-là devait surpasser toutes les autres, et contenir quelques milliers de personnes; parce que son seul exemple serait suivi du reste de la famille, et qu'une grande partie des parents du côté des femmes déjà instruits, et d'autres ébranlés, se rangeraient tous sous l'étendard de Jésus-Christ.

Comme il est naturel de croire aisément ce qu'on souhaite avec passion, ils parlaient de la construction de cette chapelle comme d'une chose prochaine.

A la fin du repas, les princesses envoyèrent un eunuque, qui, un genou en terre, demanda de leur part si les pères se portaient bien. Ici la coutume est de se lever, de répondre qu'on est en bonne santé, et de demander pareillement si les princesses se portent bien, après quoi l'envoyé se retire; c'est une manière de saluer qui se pratique chez tous les gens de qualité par les dames, lorsqu'on va visiter leur mari ou leurs enfants, et qu'on est ami particulier de la famille.

Quand on eut desservi le fruit et présenté de deux espèces de thé, à la tartare et à la chinoise, le prince Paul, pour nous entretenir, se fit apporter quantité de peintures qu'il avait fait faire dans son hôtel, et dont il avait donné le dessin. C'étaient des énigmes, des emblêmes et des devises. Chaque peinture avait son explication en vers ou en prose; le sens renfermait toujours une morale utile, ou l'explication d'un point de la religion. Il se servait de cette industrie pour engager insensiblement ceux qui venaient le voir, à l'entendre parler de Dieu et de sa loi.

Avant que de nous laisser sortir, ce prince pressa fort le P. Suarez de venir dire la messe dans sa chapelle pour les femmes chrétiennes qui ne pouvaient pas sortir. Ce père ne voulut s'engager à rien, de peur qu'on ne lui demandât trop souvent la même grâce, et qu'il ne se vît obligé de l'accorder aussi aux frères et aux neveux qui travaillaient pareillement à bâtir des chapelles, chacun dans leur hôtel; mais le prince Paul l'alla trouver à l'église, et il lui fit tant d'instances, qu'enfin il lui promit d'aller dire la première messe le jour de la Sainte-Trinité, à laquelle sa chapelle est dédiée; il y donna la communion ce jour-là à cinquante-neuf personnes du sexe, qu'il avait auparavant disposées, et y en baptisa plusieurs autres; ce furent là les premiers fruits qui furent recueillis dans ce saint lieu.

X.

De si belles espérances ne pouvaient manquer d'être traversées, selon la destinée de toutes les œuvres qui tendent à la gloire de Dieu et au salut des âmes; le démon avait trop d'intérêt de ne pas permettre que la religion prît de si fortes racines dans une famille d'où elle se répandait de tous côtés, par autant de bouches qu'il y avait de princes et de princesses convertis; et, ne pouvant détruire cette union du troupeau avec les pasteurs, qui produisait tant de conversions, il tâcha du moins de l'affaiblir en séparant l'un de l'autre, et en dispersant le troupeau.

Dieu, toujours admirable dans ses desseins, l'a sans doute ainsi permis, pour éprouver et purifier davantage ses nouveaux serviteurs. Il s'était déjà servi d'eux pour relever le courage des plus timides, et ranimer la ferveur des plus tièdes; il les choisit encore comme les plus forts dans la foi, pour servir d'exemple et de modèle à tous ceux qui ont à souffrir pour son saint nom : on verra qu'ils ont dignement répondu à un choix si glorieux.

Sur la fin de juin de cette année, les mandarins, en exécution des ordres de l'empereur, avaient signifié aux missionnaires, dans toutes les provinces de l'empire, de se tenir prêts à partir pour Macao vers le commencement de septembre. Les mandarins de Canton pressaient encore plus que les autres ceux de leur ville, de se pourvoir de bonne heure de maisons à Macao, pour y transporter leur bagage, et s'y rendre au plus tard avant la mi-septembre.

Sur ces connaissances, les Pères songèrent à faire un dernier effort pour obtenir de Sa Majesté que du moins elle leur fît la grâce de laisser les missionnaires à Canton, sans les obliger d'aller à Macao. Sa Majesté répondit par un ordre qu'elle donna aux mandarins de Canton. de ne pas presser le départ des Européens, et de l'informer au plus tôt s'il y aurait de l'inconvénient à les laisser à Canton. L'empereur fit passer cet ordre par les quatre gouverneurs de l'empire, après quoi il appela pour la première fois les missionnaires en sa présence. Il leur fit un discours qu'il avait préparé, comme s'il eût voulu se justifier et réfuter les principaux points des écrits qu'ils lui avaient présentés pour leur défense.

Il est à remarquer qu'un peu avant que d'être admis en la présence de l'empereur, son oncle maternel, l'un des quatre gouverneurs de l'empire, qui se trouvait là, prit à part le P. Parennin pour me donner un avis.

Ce seigneur, de même que son père et son aïeul, a fait toujours beaucoup de liaisons avec les Missionnaires, et les a fait même loger chez lui plusieurs années ; il crut donc que l'ancienne amitié l'obligeait à leur donner des conseils qu'il croyait nécessaire dans les conjectures présentes :

« Prenez garde à vous, dit-il au Père, et, au temps où nous sommes, prêchez un peu moins votre religion ; vous renversez les coutumes de l'empire, vous troublez la paix des familles, vous brouillez les fils avec les pères. »

Je fus d'abord surpris d'entendre ainsi parler un homme qui, d'ailleurs, était instruit des vérités chrétiennes et de la morale que nous enseignons au peuple. Comme je voulais lui répondre, il m'interrompit brusquement, et me dit :

« Ne sais-je pas ce qui se passe dans la famille du vieux *Sou-nou-Peylé*, dont les fils ont embrassé votre loi ? L'empereur l'ignore-t-il ? Je vous le répète, faites attention à l'avis que je vous donne. »

Il n'en dit pas davantage, parce qu'un des autres gouverneurs vint se joindre à nous.

Le même jour, premier de juillet, arriva un mémorial secret adressé à l'empereur par le fameux *Kien-Kem-yao*, tsong-tou des deux provinces de Chan-Si et de Chen-Si, grand-général de toutes les troupes envoyées contre Tse-Vani-Raptan, et frère de Nien-si-yao, vice-roi de Canton. Dans ce mémorial, il accusait les princes

Louis et Joseph de s'être faits chrétiens, d'avoir contribué de leur argent à la construction d'une église, et de parler souvent en secrel au P. Mouram.

Le fils de l'accusateur ayant reçu le mémorial de son père pour le remettre au quatre gouverneurs de l'empire, en donna avis secrètement à un des fils du vieux régulo *Sounou*, qui était son allié et son ami. Celui-ci en avertit ses autres frères; mais il est vraisemblable qu'ils n'en dirent rien à leur père, de peur de l'affliger.

Dès le jour suivant, dit le P. Parennin, les princes chrétiens m'envoyèrent inviter d'aller à leur hôtel; ils étaient curieux de savoir le détail de ce qui s'était passé devant l'empereur et avec les grands, avant que Sa Majesté nous eût admis en sa presence. Je m'en excusai pour ce jour-là à cause de quelques occupations qu'il m'était impossible de différer. Dans l'impatience où ils étaient d'être instruits de ce qui s'était passé à notre audience, le prince aîné, qui n'était que catéchumène, crut pouvoir, avec moins de risque, me venir trouver. Il m'aborda d'un air content, et me dissimula tout ce qu'il savait du mémorial secret, pour ne point me donner une inquiétude inutile. Je lui fis un détail exact de ce que nous avait dit Sa Majesté, sur quoi il fit les réflexions d'un homme d'esprit, et qui avait une connaissance parfaite de la disposition de la cour, et de tous les acteurs qui y jouent actuellement leurs rôles. Mais il parla toujours en prince vraiment chrétien, et qui n'était plus touché de tout ce qu'on appelle faveur et fortune.

Il me pressa de lui rapporter les expressions même dont s'était servi l'oncle maternel : je me contentai de lui dire en général, que ce seigneur savait qu'il y avait beaucoup de chrétiens dans leur famille, que l'Empereur ne pouvait pas l'ignorer, et qu'il fallait agir avec réserve; mais je lui dissimulai ce qu'il m'avait dit de plus fort, à peu près par le même motif qui le portait à me cacher la connaissance qu'il avait du mémorial secret. Je craignais qu'il n'en devînt plus timide, ou que, sans y penser, il ne portât la frayeur et la crainte dans l'âme des plus faibles. Mais que je le connaissais mal, et que je lui rendais peu de justice! Quoique je le regardasse comme un grand homme de bien, l'idée que j'avais de lui ne répondait pas à sa vertu, et s'accordait mal avec les progrès qu'il avait déjà faits dans les voies de Dieu.

Ce grand homme, qui prévoyait le renversement de toute sa famille, le regardait, non pas comme un état de malheur et de disgrâce, mais comme une source de paix, de bonheur et de tranquillité qui ne pourrait plus lui être ravie. Il voyait venir la tempête, et, loin d'appréhender d'en être submergé, il s'assurait qu'elle allait le jeter dans le port du salut. Ces pensées la remplissaient de la plus douce consolation; à la vérité, il dissimulait les sentiments de son cœur, mais sa joie éclatait jusque sur son visage, et causait cet épanouissement avec lequel il me quitta, et dont la cause ne m'était pas connue. Je savais encore moins que je l'entretenais pour la dernière fois de ma vie, et qu'il n'y aurait plus que l'éternité bienheureuse qui devait un jour nous rejoindre.

J'allai enfin visiter le prince Jean, et, quoique je ne doutasse pas que son aîné ne lui eût appris ce que j'avais à lui dire, je crus néanmoins devoir lui donner cette marque de considération et d'amitié. Je fus surpris en entrant chez lui d'y trouver presque tous ses frères, et plusieurs de ses neveux. Je craignis d'abord que quelque fâcheux événement ne les eût rassemblés; mais comme je leur trouvai cette même gaîté, et cet air aisé et agréable qui leur est ordinaire, je me rassurai, sachant d'ailleurs que l'union étroite qu'ils ont ensemble les réunit souvent dans le même hôtel, quoiqu'ils aient chacun leur palais séparé.

La conversation fut assez semblable aux précédentes : ils ne me parlèrent point du mémorial secret dont ils avaient connaissance, mais je vis bien que leur aîné ne leur avait rien laissé ignorer de notre dernier entretien. Le prince Jean me demanda s'il était vrai que deux jésuites et neuf chrétiens eussent souffert tout récemment le martyre dans le Tunquin. Je répondis que nous en avions reçu avis de Canton, et que nous en attendions le détail. Il prit de là occasion de parler du bonheur des martyrs, et de la grâce singulière que Dieu leur fait, de les conduire au ciel par une voie si courte.

« Mais qui oserait espérer une telle grâce, ajouta-t-il? »

Puis se tournant vers ses frères, il leur dit d'un air riant :

« Oh ! que nous sommes entrés bien à propos dans le bercail de Jésus-Christ ! un peu plus tard la porte en était fermée. »

Il faisait allusion au mémorial qui avait été présenté à l'empereur contre lui et contre ses frères ; comme on avait eu soin de me le cacher, je ne pouvais pas tout-à-fait comprendre ce qu'il voulait dire ; mais, ayant remarqué quelques mouvements parmi les domestiques, et qu'ils venaient souvent parler à l'oreille de leurs maîtres, je crus que quelque affaire les occupait, et qu'il était temps de me retirer. Je me levai donc comme pour prendre congé d'eux ; mais le prince Jean, qui vit mon embarras, me dit aussitôt que le régulo, leur père, était parti le matin pour aller à la sépulture de ses ancêtres, et que peu après son départ l'empereur avait ordonné qu'on le fît venir au palais ; qu'à l'instant on avait couru après lui pour le faire retourner ; qu'il serait sans doute déjà arrivé au palais ; que, selon les apparences, l'empereur n'était pas content, et qu'ils étaient tous rassemblés pour en savoir des nouvelles à son retour ; il me pria ensuite de le confesser dans sa chapelle. Ces princes ont enfin obtenu, après beaucoup de prières, la permission de recevoir notre Seigneur tous les huit jours : c'est une grâce qu'on ne pouvait pas refuser à des néophytes d'une conscience si pure, et que Dieu éclairait d'une façon si particulière.

Je me retirai, la tristesse dans le cœur, car je n'espérais rien de consolant de l'ordre qui était venu au régulo. Tous nos pères jugèrent, comme moi, que nous n'avions point d'autre parti à prendre que de recommander cette affaire à Dieu, et de nous conformer à sa sainte volonté.

Voici ce qui s'était passé au palais :

« Dès que le régulo parut à la porte où est la garde intérieure et où sont assis les grands, un des quatre gouverneurs, régulo du premier ordre, fils unique du frère aîné de l'empereur *Cang hi*, et président du tribunal des princes, fit mettre à genoux ce vieillard de soixante-dix-sept ans, et, par ordre de Sa Majesté, il lui lut une longue liste des fautes qu'avaient commises ses ancêtres; il lui reprocha que ceux de sa branche avaient été de tout temps les ennemis secrets de la branche régnante. Venant ensuite à ses fautes personnelles, on avouait qu'il s'était bien comporté pendant les dix années qu'il exerçait la charge de général dans la province de Leaotong; mais, qu'ayant été fait chef de bannière, il était tombé dans plusieurs fautes, qu'on lui détailla; entr'autres que, quand l'empereur défunt déposa le prince héritier et demanda aux grands leurs suffrages pour en élire un autre, il avait donné le sien au huitième ago; que, quoiqu'il fût du conseil d'état, il se dispensait d'y assister, et que tout récemment, ayant appris la mort du beau-père du neuvième ago, il avait soupiré, levé les yeux au ciel, et envoyé des officiers faire des compliments de condoléance à sa famille, quoiqu'il ne pût ignorer que ce seigneur était mort dans la disgrâce de l'empereur; que, pour toutes ces fautes, on le destituait de sa dignité, on le privait de ses appointements, et on lui ordonnait de partir dans dix jours avec toute sa famille, ses femmes, ses enfants et ses petits-fils, pour aller demeurer à Yéou-oué. Parmi ceux qui se trouvèrent présents, lorsqu'un ordre si sévère lui fut intimé, il y avait beaucoup de parents et d'amis; mais ils dissimulèrent leur douleur le mieux qu'ils purent : le moindre signe de compassion qu'ils eussent donné leur eût été préjudiciable qu'à celui qu'ils plaignaient avec tant de raison. Les courtisans virent clairement que toutes ces fautes, qu'on faisait revivre depuis tant d'années, n'étaient qu'un prétexte pour couvrir le véritable motif d'un traitement si dur : car, nonobstant toutes ces prétendues fautes, qu'on n'ignorait pas il y a deux ans, on n'avait pas laissé de l'élever à un nouveau degré d'honneur.

Le régulo, qui avait vécu tant d'années à la cour dans les premières charges et avec la réputation la plus saine, souffrit impatiemment des reproches si peu mérités. Il commençait déjà à se justifier d'une manière un peu vive, et il lui échappa même certaines expressions où il entrait du dépit, et qui eussent été interprétées en mauvaise part : c'est pourquoi le président, qui était son ami, et qui devait porter sa réponse à l'empereur, craignant que l'accablement d'affliction où il était ne le fît tomber dans une faute véritable, lui ordonna de se lever et de penser à loisir à ce qu'il avait à répondre ; il supposa le besoin qu'il avait d'aller changer d'habit à cause de la chaleur; mais ce n'était qu'un prétexte pour lui laisser le temps de rentrer en lui-même et de mesurer mieux ses termes. A son retour, il fit un extrait de la réponse du régulo, dont il ne prit que ce qu'il y avait de plus raisonnable, et il en fit aussitôt le rapport à l'empereur ; mais Sa Majesté ne fit aucune réponse : ainsi le vieillard, après avoir attendu long-temps, fut obligé de se retirer dans sa maison, où l'on était déjà informé de ce qui venait de lui arriver.

Presque tous ses fils le reçurent à sa porte; et, d'un air gai et content, ils le prièrent de ne point s'affliger inutilement et de conserver sa santé, l'assurant qu'ils le suivraient partout avec joie, et qu'ils feraient en sorte qu'il ne manquât jamais de rien. Ensuite le prince aîné, portant la parole au nom de tous, lui demanda en grâce qu'il permît à ses autres frères, qu'il n'avait point vus depuis qu'ils étaient chrétiens, savoir, le troisième, le dixième et le onzième, de paraître en sa présence : Allez, répondit le régulo, appelez-les vous-même. Comme ils n'étaient pas éloignés, et qu'ils attendaient la réponse que ferait leur père, ils ne furent pas longtemps sans paraître. Cette entrevue donna quelques instants de joie, et dissipa d'abord la tristesse que causait leur exil. Le régulo lui-même oublia pour un moment son infortune, et, prenant un air agréable :

« Nous avons, dit-il, dans notre famille un péché originel ; il voulait parler des reproches qu'on lui avait faits sur les fautes de ses ancêtres ; après quoi, il alla se reposer de la fatigue qu'il avait eu à essuyer au palais, et qui, en effet, devait être pénible pour un homme de son âge, tandis que ses enfants iraient mettre ordre à leurs affaires pour se disposer au départ.

Le lendemain, à neuf heures du matin, le régulo retourna au palais, et porta un mémoire apologétique qu'il avait fait faire pendant la nuit; mais à peine fut-il parti, que son fils aîné, qui portait déjà le nom de *François-Xavier*, se rendit à l'église demander le baptême :

« Il est à craindre, dit-il, que l'empereur, touché des longs services et du grand âge de mon père, ne lui remette la peine de l'exil; si cela était, je désespèrerais presque de ma conversion ; il reviendrait du palais chargé de tant d'ordres pour arrêter les progrès de la religion dans notre famille, que mes autres frères et moi seraient liés par de nouvelles chaînes bien plus difficiles à rompre. Il n'y a plus à délibérer, je veux désormais vivre et mourir chrétien, et ne pas abuser davantage de la bonté et de la patience de Dieu, qui m'attend depuis si long-temps. »

Il reçut donc cette grâce, de même que

son neveu, fils du huitième frère, et chef de sa famille depuis la mort de son père, qui n'a pas eu le même bonheur. C'était un jeune prince de vingt-six ans, qui réunissait en sa personne les plus belles qualités de l'esprit et du corps; et, ce qui est infiniment plus estimable, qui était rempli des plus grands sentiments de la religion. Depuis long-temps il imitait ses oncles dans leurs pratiques de zèle. Il avait instruit tous ceux de sa maison, et plusieurs avaient déjà été baptisés. Après ces deux princes, trois domestiques du second fils, qui devaient accompagner leur maître dans son exil, furent aussi régénérés dans les eaux du baptême.

Pendant ce temps-là, le régulo présentait son mémoire au président du tribunal des princes; mais il fut fort surpris d'entendre les nouveaux reproches que ce président lui fit de la part de l'empereur.

« Le sixième et le douzième de vos enfants, lui dit-il (les princes Louis et Joseph), ont embrassé la loi chrétienne, et ont fourni de l'argent pour bâtir une église ; vous en avez encore d'autres qui ont imité leur exemple : que n'employez-vous votre autorité pour les en détourner, ou que ne les défériez-vous à l'empereur? On saura les ranger à leur devoir, puisque vous ne savez pas les gouverner. »

Le régulo répondit qu'à la vérité le troisième, le dixième et le onzième de ses enfants s'étaient faits chrétiens, mais qu'il avait ignoré leur dessein ; qu'aussitôt qu'il en avait été informé, il les avait chassés de sa présence, et que, pendant trois ans entiers, il avait refusé de les voir ; que, s'il ne s'était pas fait leur délateur, c'est qu'il n'avait ni assez d'esprit ni assez de capacité pour discerner si cette loi est vraie ou fausse. Ces excuses furent inutiles : on lui tourna le dos, et on le laissa à jusqu'au soir.

Le 7 juillet, il retourna encore au palais, et il y demeura presque tout le jour aussi inutilement que la dernière fois :

« Allez, partez, lui disait-on, corrigez-vous, et l'empereur vous fera grâce ; » mais on ne lui disait pas de quoi il devait se corriger.

Le même jour, dit le P. Parennin, j'allai, dès le matin, à l'église des pères portugais, me doutant bien que j'y trouverais quelques-uns de ces princes chrétiens, qui m'instruirait de l'état où étaient les choses. Effectivement j'y trouvai les princes Jean, François, Paul et Jean-Baptiste, avec le fils unique du prince Paul, âgé de dix-sept ans, qui attendait qu'on lui conférât le baptême. Quoiqu'il l'eût demandé plusieurs fois et avec de grandes instances, on le lui avait toujours différé, soit à cause de son âge et du danger qu'il y avait qu'il ne se laissât pervertir par les autres princes du même sang, encore infidèles, soit parce qu'il demeurait encore chez le régulo, son grand-père, qui l'avait élevé dès le berceau, qui l'aimait tendrement, et qui eût porté les choses à quelque éclat s'il eût su qu'il était chrétien. D'ailleurs il n'était pas inutile chez le régulo; il parlait à ce vieillard avec une liberté que tout autre que lui n'eût osé prendre, et il l'entretenait sans cesse des vérités de la religion. Un jour il l'avertit que le médecin qu'il entretenait dans sa maison venait de mourir (c'était un vieux chrétien de la province de *Hou-quam*); le régulo lui répondit, en se servant de l'expression ordinaire des chrétiens : Dieu l'a recueilli :

« Oui, reprit le jeune homme, Dieu l'a recueilli, mais il faut savoir que nous mourrons tous comme lui; grands et petits, jeunes et vieux, personne ne peut éviter la mort ; mais tous iront-ils dans le même endroit? L'enfer est la demeure éternelle des infidèles qui ont refusé le baptême et rejeté la loi de Dieu; les chrétiens iront au ciel, où ils jouiront d'éternelles délices : oh! si vous saviez ce que c'est que l'enfer! nulle expression n'en peut égaler l'horreur. »

Le régulo, qui ne voulait pas essuyer le reste du sermon de ce jeune prince, lui imposa silence; mais il n'en était pas plus timide, et il saisissait toutes les occasions de lui remettre devant les yeux les grandes vérités du christianisme.

Pendant qu'on disposait toutes choses pour la cérémonie, la nouvelle se répandit que l'empereur remettait la peine de l'exil au régulo, et qu'il se contentait de le dépouiller de sa dignité. Quoique cette nouvelle se soit trouvée fausse dans la suite, elle devait, ce semble causer un mouvement de joie; cependant les princes l'écoutèrent froidement, et y parurent peu sensibles. Celui qui était prêt à être baptisé craignit qu'on ne prît de là occasion de différer encore son baptême : « Tout va bien aujourd'hui, dit-il, et demain tout ira mal ; je ne veux pas courir le risque de sortir de Pékin sans avoir reçu le baptême ; peut-être que je n'en trouverai plus l'occasion. »

Il fallut donc le satisfaire au plus tôt. La cérémonie se fit par le P. Fridelli, jésuite allemand, dans une grande sacristie bien ornée. Le prince Jean fut le parrain, et donna au jeune prince le nom de *Michel*, comme il le souhaitait, à cause de la dévotion particulière qu'il avait envers cet archange. Après la cérémonie, nous entrâmes tous à l'église pour y adorer notre Seigneur; et, comme on se retirait, le nouveau néophyte alla seul à la chapelle de son saint patron pour y faire sa prière, puis il vint nous rejoindre dans la salle ; là il se mit à genoux aux pieds du père qui l'avait baptisé, pour le remercier ; il donna les mêmes marques de reconnaissance aux autres pères qui avaient été présents, à son parrain, à son père, à son oncle, et au prince Jean-Baptiste, son cousin-germain. Le P. Fridelli lui donna, selon la coutume, un chapelet, une croix et une image, qu'il reçut à genoux avec beaucoup de respect et d'actions de grâces. On l'obligea après de s'asseoir avec tous les autres pour boire le thé, ce qu'il ne fit que par complaisance, car il était dans l'impatience de sortir de la salle, pour aller aussi remercier les catéchistes : il n'y eut pas jusqu'aux domestiques des pères et tous ceux qu'il crut avoir contribué à son bonheur, à qui il ne donnât des marques d'amitié et de reconnaissance ; et, quoiqu'il sût qu'il était fort au-dessus d'eux par sa naissance, il les regardait dès-lors comme ses frères en Jésus-Christ.

Le régulo, qui s'attendait toujours à quelque favorable retour du côté de l'empereur, alla au tribunal des princes pour s'informer si Sa Majesté ne s'était point radoucie. Il eut pour toute réponse que l'empereur avait vu son mémoire, et qu'il n'avait qu'à partir et sans délai. Sur cela le régulo, ne prenant plus conseil que de lui-même, crut que pour apaiser l'empereur, il devait lui livrer ceux qui étaient devenus l'objet de sa colère et de son indignation, afin qu'il en fît telle justice qu'il lui plairait. C'est une coutume établie chez les Mant-chéoux, de livrer leurs enfants à l'empereur, quand il se plaint de leur conduite. Aussitôt qu'il fut de retour à son hôtel, il envoya chercher ses fils et ses officiers; il fit apporter des chaînes, et, d'un signe de main, il ordonna qu'on les mît au prince Jean, qui les reçut sans dire un seul mot. Il indiqua de même le prince Paul. L'officier s'approcha pour le lier ; mais ce prince, repoussant de la main les chaînes, dit d'un ton ferme qu'il n'avait offensé ni le ciel ni la terre, ni l'empereur, ni son père, et qu'il priait du moins qu'on lui dît pour quelle raison on voulait l'enchaîner. Son père ne répondit rien, et, se contentant de baisser les yeux, son silence faisait assez connaître l'embarras où il se trouvait; sur quoi le prince Jean, prenant la parole :

« Ne voyez-vous pas, lui dit-il, que tout notre crime est d'avoir embrassé la religion chrétienne? »

« C'est cela même, reprit le prince Paul, que je voulais qu'on me dît clairement; je recevrai volontiers ces chaînes pour une si bonne cause; » et, de la même main qui les avait rejetées, il les prit, et aida à se les mettre.

Le prince François, qui dès sa jeunesse, avait un commencement de surdité, n'entendit pas bien ce qui se disait; mais, jugeant du traitement qu'on lui préparait par ce qu'il voyait, il n'attendit pas qu'on vînt à lui; il sortit de sa place, et alla se présenter aux officiers, qui, sans autre ordre, le lièrent comme ses deux frères.

A la fin de cette scène, le régulo se leva et retourna au palais de l'empereur pour y rendre compte de ce qu'il venait de faire. Avant que de partir, il ordonna à un de ses officiers infidèles d'aller dans tous les hôtels de ses enfants, et d'enjoindre à leurs domestiques qu'ils eussent à détruire promptement les chapelles et les oratoires, et à ramasser les images, les croix, les chapelets pour les reporter à l'église.

Pendant que le régulo était au palais, les trois princes chrétiens, qui restèrent avec leurs gardes, ne doutaient pas qu'on ne les conduisît bientôt au tribunal des princes pour y subir l'interrogatoire. Rien ne leur faisait plus de plaisir : car, long temps auparavant, lorsqu'on jouissait d'une paix profonde, ils avaient résolu de présenter à ce même tribunal un mémorial, pour y rendre compte de leur religion, dont on parlait si différemment sans la connaître; ils prétendaient en démontrer la vérité aux autres princes, leur faire sentir la nécessité où ils étaient de s'y soumettre, et leur remettre devant les yeux que, puisqu'on l'avait examinée et approuvée tant de fois au tribunal des rites, il serait injuste d'inquiéter ceux qui l'embrassaient. Les missionnaires, qui avaient su cette résolution, s'y opposèrent, dans la crainte qu'elle ne fût prise pour une insulte et qu'à ce sujet il ne s'élevât une persécution qui aurait pu ébranler les nouveaux néophytes, encore faibles dans la foi.

Les princes entrèrent pour lors dans ces raisons de prudence; mais ils crurent qu'elles cessaient dans les circonstances présentes, et que le temps était venu de rendre un témoignage public aux vérités de la religion. Le prince Jean et le prince Paul s'entretenait de la sorte, tandis que le prince François, qui se promenait dans la salle, montrant ses chaînes à ses domestiques et à ceux de son père :

« Vous voyez ces fers, leur disait-il, je les estime plus que toutes les richesses de l'univers ; gardez-vous bien de me plaindre ou d'appréhender pour vous le même sort : le plus grand bonheur qui puisse vous arriver, c'est d'être enchaîné et souffrir comme nous pour la cause de Jésus-Christ. On nous a condamnés à l'exil : ah ! plût à Dieu que ce fût à la mort ! Quel plaisir serait-ce pour nous de voir abréger le chemin du ciel, d'être tout d'un coup délivrés des misères de cette vie, et transportés dans ce lieu de délices où Dieu même emploie toute sa puissance à récompenser ses saints !

Il parlait encore, lorsqu'un de ses domestiques, envoyé par la princesse, son épouse, vint l'avertir de l'ordre qu'avait donné le régulo d'enlever les images, les croix et les autres symboles de la piété chrétienne. Il ne répondit qu'en récitant d'un ton ferme le premier précepte du décalogue :

« Vous adorerez le Seigneur votre Dieu, et ne servirez que lui seul. »

« Qu'on ne touche à rien, ajouta-t-il, avant que ces chaînes tombent par ma mort ou que j'en sois délivré d'une autre manière, moi-même je mettrai ordre à tout. »

Le prince Jean-Baptiste, qui était présent fit une réponse un peu plus dure : il en fut repris doucement par le prince Jean, son oncle :

« Faites attention, lui dit-il, que nous devons plus que jamais ménager la faiblesse de nos domestiques chrétiens ; il faut si peu de chose pour affaiblir leur courage, surtout lorsqu'ils voient leurs maîtres couverts de chaînes ; ce ne sont encore que de jeunes arbres qu'on vient de transplanter ; le moindre vent peut les abattre. »

Cependant le régulo, qui était allé au palais afin de demander à qui l'empereur souhaitait qu'il remît ses enfants pour en faire justice, ne fut pas reçu, comme il l'espérait. Le président l'ayant entendu, ne parut pas content de sa démarche, soit que, connaissant la fermeté de ces trois illustres néophytes, il vît bien qu'ils ne reculeraient pas, et qu'on s'engagerait avec eux dans une dispute de laquelle il serait difficile de sortir avec avantage ; soit qu'il craignît que l'empereur ne poussât l'affaire trop loin, et qu'ensuite venant à s'en repentir, il ne le rendît responsable de sa trop grande sévérité ; soit par quelqu'autre motif, il ne voulut jamais se charger d'en faire le rapport à Sa Majesté :

« Tout est fini, lui dit-il, vous êtes instruit de la sentence qui a été portée, il ne vous reste plus d'autre parti à prendre que celui d'obéir et de vous corriger, vous et vos enfants. »

Comme on lui ajouta qu'en cas d'amendement ils seraient tous avancés, mais qu'autrement ils seraient punis sévèrement, il ne s'agissait plus que de savoir de quoi il fallait se corriger, et c'est ce qu'on ne voulut jamais lui dire.

Le régulo, ne se voyant pas plus avancé par une démarche qui avait tant coûté à sa tendresse, retourna à son hôtel et fit ôter les chaînes à ses enfants sans leur dire un seul mot. Le prince Xavier, son aîné, prit cette occasion de lui représenter de nouveau ce qu'il lui avait déjà dit tant de fois, que de toutes les familles de Pékin, il n'y en avait aucune qui eût reçu de Dieu des faveurs plus singulières; que le traitement qu'on lui faisait ne devait pas lui paraître une disgrâce, mais qu'il devait le regarder comme un effet de la miséricorde infinie de Dieu, qui cherchait à le sauver par la voie des souffrances. Animé qu'il était de ce feu divin qu'il venait de recevoir au baptême, il continua de dire à son père les choses les plus touchantes.

Le prince Jean, les larmes aux yeux, regrettait la perte de ses chaînes et l'occasion qu'il avait manquée de souffrir le martyre. Il voulait parler, mais sa faiblesse et les sanglots lui coupèrent la parole. Le prince Paul, son cadet y suppléa :

« A ce trait, dit-il, ne reconnaissez-vous pas le monde qui a été jusqu'ici votre idole? Quoi de plus ingrat! Il oublie les plus longs et les plus importants services. Quoi de plus injuste! ce n'est nullement la raison qui le conduit. Quoi enfin de plus trompeur! il n'a que des apparences qui éblouissent. Mais nous donnât-il des biens réels, quelle en est la solidité? Tout ce qu'il a et ce qu'il peut donner n'est qu'une vapeur qui se dissipe à l'instant, et dont à la fin il ne reste qu'un souvenir inutile. Dieu, au contraire, est grand, libéral dans ses dons, magnifique dans ses promesses, et fidèle à les exécuter. Voulez-vous tout-à-coup goûter une paix que rien ne puisse altérer, et vous remplir d'une force supérieure à tous les événements? attachez-vous uniquement à Dieu, adorez-le, servez-le de la manière dont il veut être adoré et servi ; en un mot, faites-vous chrétien. Vous avez avoué tant de fois que cette religion est bonne ; dites moi, y en a-t-il quelqu'autre qui soit capable de donner ce zèle et cette ardeur que vous nous voyez, qui nous fait pleurer et gémir depuis si long-temps sur le danger où vous êtes de vous perdre éternellement? Eh ! que vous servira-t-il d'avoir en ce grand nombre d'enfants que vous aimez avec tant de tendresse, s'il arrive que vous soyez éternellement séparé d'eux, pour n'avoir pas voulu reconnaître et servir le même maître ?

Le régulo, se voyant ainsi assailli de tous côtés, porta les deux mains à la tête, et, s'appuyant contre la muraille, il y demeura attaché sans répondre un seul mot. Cette posture fit connaître à ses enfants qu'il ne les écoutait pas volontiers, et que le temps de sa conversion n'était pas encore venu, ce qui les obligea de se retirer.

Cependant presque tous les parents du vieux régulo lui conseillèrent de ne plus avoir recours aux mémoriaux ni aux apologies ; qu'il lui fallait tenter une autre voie plus capable de fléchir la colère de l'empereur : c'était d'aller encore au palais, d'implorer sa clémence et d'y rester dans une posture humiliée, jusqu'à ce qu'il eût reçu quelque réponse ; qu'on ne manquerait pas d'avertir secrètement Sa Majesté de l'état d'humiliation où il se tiendrait ; que, sans doute, touché de son grand âge, de ses longs services et des marques de son repentir, l'empereur prendrait des sentiments de bonté et de douceur à son égard, et que le pardon ne tarderait pas à venir.

Le régulo n'était pas éloigné de prendre ce parti ; ses enfants chrétiens l'appréhendaient fort, sans oser néanmoins ouvrir la bouche pour l'en détourner; ils se contentaient de conjurer la tempête par leurs continuelles prières : car ils désespéraient de sa conversion, s'il obtenait quelques adoucissements à sa peine qui lui rendît la liberté de demeurer à la cour. Dieu permit qu'un ami du régulo en qui il avait une entière confiance désapprouvât fort ce dessein, comme indigne de son âge, de son rang, de sa réputation et de ses services; ainsi il ne fut plus question de retourner au palais.

Comme il n'y avait point eu de défense de visiter cette famille avant son départ, presque tous leurs proches, leurs alliés et leurs amis, s'acquittèrent de ce devoir. C'était un flux et reflux continuel de seigneurs qui inondaient le quartier.

« Nous n'osâmes pas, dit le P. Parennin, aller les voir, parce que nous étions instruits qu'il y avait des gens postés pour épier tous ceux qui entreraient dans leurs maisons. Le parti que je pris fut de leur écrire une lettre en langue tartare, sans la signer, où je tâchais de les fortifier en leur inspirant les sentiments qu'ils devaient prendre dans des conjectures si tristes. Je l'adressai au prince Jean, et je la lui envoyai par un catéchiste qui lui portait de ma part quelques présents de dévotion. Ce catéchiste avait un talent rare de bien parler de Dieu, et il était accoutumé à voir de grands seigneurs. Il savait que ces princes étaient chrétiens, mais il ne les avait jamais vus; il les visita l'un après l'autre. Quand il vint me rendre compte de la commission dont je l'avais chargé, je trouvai un homme transporté, hors de lui-même.

«Ah! mon père, s'écria-t-il dans une espèce d'enthousiasme, chez quelles personnes m'avez-vous envoyé? Eh! quelles paroles de consolation pouvais-je porter à des gens qui ne respirent que les croix et les souffrances? J'ai vu des saints qui parlent de Dieu avec une éloquence toute divine; je n'ai eu autre chose à faire qu'à les écouter et à admirer la vivacité de leur foi; ils ne tiennent à aucune des choses de la terre; ce qui les touche uniquement, c'est que, dans le lieu de leur exil, ils n'auront point de missionnaires pour leur administrer les sacrements. Vous ne sauriez croire avec quel sang-froid ils m'ont entretenu de leur départ: non, si je n'avais pas vu moi-même ces seigneurs, je n'aurais jamais ajouté foi à tout ce qu'on aurait pu me dire de leur courage et de leur vertu. »

Ce même jour, le prince François dépêcha un de ses eunuques aux missionnaires pour leur demander la permission de catéchiser et de baptiser dans le lieu de son exil, où il ne prétendait pas, disait-il, aller inutilement, et il les priait de lui envoyer de toutes les églises le plus qu'on pourrait trouver de petites images, de croix et de chapelets. Que ne devait-on pas attendre du zèle de ce fervent néophyte, qui part pour une terre étrangère, animé de la plus ardente charité pour le salut de ceux qu'il y trouvera? Un de nos pères lui ayant témoigné combien il était touché de ce qu'il était devenu un peu sourd, lui répondit qu'au contraire il remerciait le Seigneur de lui avoir envoyé cette infirmité; parce que, comme elle le rendait inutile pour le monde, elle lui laissait une liberté entière de penser à Dieu et de ne servir que lui.

Le lendemain le régulo envoya chercher la princesse Françoise, épouse du prince Joseph. Pendant son absence, il dépêcha un de ses officiers infidèles avec ordre de visiter sa maison et de pénétrer même jusque dans la chambre de la princesse, d'y ramasser tout ce qu'il y trouverait de croix, de chapelets et d'images, et de les brûler au milieu de la cour. Cet ordre sacrilége fut exécuté ponctuellement : tout était déjà consumé, lorsque la princesse retourna à son hôtel. A la vue de ce monceau de cendres, elle pensa tomber en défaillance, et elle exprima sa douleur par les cris les plus lamentables, ce qui fit croire aux voisins qu'une douleur si excessive ne pouvait être que l'effet du déplaisir que lui causait l'exil; elle ne se consola que quand ses beaux-frères chrétiens lui eurent promis de la dédommager de sa perte, en partageant avec elle ce qu'ils avaient. Ils firent en même temps réflexion que le régulo pourrait ordonner une semblable visite dans leurs maisons; et, pour ne point exposer les croix et les images qui lui restaient à être profanés par des mains idolâtres, ils renvoyèrent les plus grandes à l'église, et ne gardèrent que les plus petites, ou celles qui pouvaient aisément se cacher. Après quoi ils allèrent tous ensemble exhorter de nouveau leur père à embrasser le christianisme; mais ils ne purent rien gagner dans son esprit. Cette journée finit par le baptême de trois domestiques d'un de ses enfants, catéchumènes. Le jour suivant, il y en eut encore quelques-uns de baptisés, et d'autres qui se purifièrent dans le sacrement de la pénitence.

Le 13, le régulo et tous ses enfants devant aller à la sépulture de leurs ancêtres, et étant obligés de passer près de l'église des pères portugais, qui était sur le chemin, le prince Paul, le prince Jean et le prince Michel partirent de grand matin, vinrent à l'église, y entendirent la messe et reçurent notre Seigneur; le deuxième fils du second fils du régulo y reçut le baptême, et fut nommé *Jean-Baptiste* comme son cousin; son père était toujours catéchumène; il souhaitait fort d'être baptisé avant de partir; mais le soin de ses affaires domestiques, que les autres négligeaient, l'engagea dans tant de délais, qu'il en perdit l'occasion.

Ce même jour, vingt dames suivantes des maisons de ces princes vinrent se confesser;

enfin tous ceux qui avaient la liberté de sortir, quelque embarras qu'ils eussent d'ailleurs, trouvaient le temps de venir à l'église. Il y eut même une princesse qui, dans la crainte qu'aucun des missionnaires ne pût aller chez elle, se rendit à l'église des femmes avec ses suivantes, aimant mieux s'exposer à la censure et à la malignité des discours publics que de partir sans le secours des sacrements.

Le 14, un père portugais alla de grand matin chez le prince Xavier : il était incommodé, de même que la princesse Thérèse. L'un et l'autre entendirent la messe et y communièrent, ainsi que le prince Pierre, leur second fils, la princesse Agnès, leur belle-fille, et plusieurs autres personnes qui devaient partir le lendemain pour leur exil.

Au même temps, le père Joseph Suarez, vieillard vénérable qui travaillait depuis si long-temps dans cette vigne du Seigneur, se rendit à la chapelle de la Sainte-Trinité chez le prince Paul, où toutes les princesses du quartier l'attendaient; il fut souvent interrompu pendant la messe par les larmes et les soupirs de ces illustres dames. Quand il les eut communiées, il leur fit un petit discours propre aux temps et aux circonstances, dans lequel il les anima à souffrir généreusement leur exil pour Jésus-Christ. Il leur montra surtout que leurs peines étaient passagères, mais que la récompense qui leur était destinée n'aurait jamais de fin ; que Dieu traitait ainsi ses fidèles serviteurs pour les détacher des biens périssables de la terre, et qu'elles devaient sans cesse le remercier de ce qu'il les avait choisies, préférablement à tant d'autres, pour servir de modèles aux personnes de leur sexe.

Après qu'il eut achevé, elles se prosternèrent toutes jusqu'à terre, pour lui faire leurs remercîments, et elles le supplièrent de les recommander souvent au Seigneur, surtout quand ils célébraient les saints mystères. Le père le leur promit, en leur demandant, à son tour, le secours de leurs prières, auxquelles il avait une vraie confiance. Il les leur demanda principalement lorsqu'elles apprendraient la nouvelle de sa mort :

« Car enfin, ajouta-t-il, à mon âge, elle ne doit pas être éloignée ; je ne m'attends plus à vous revoir que dans l'éternité. »

A ces mots, les sanglots et les soupirs recommencèrent ; le père, qui en fut attendri, sortit aussitôt de la chapelle. Comme il traversait la grande cour, il y trouva le prince Jean, le prince Paul et le prince Michel, qui l'attendaient pour lui dire les derniers adieux. Saisis de douleur, ils ne purent s'exprimer que par leurs soupirs et par un silence beaucoup plus éloquent et plus expressif que les discours les plus animés. Rien n'a pu arracher des larmes à ces généreux néophytes que la séparati de leur pasteur. Le père, qui voyait renverser en un instant l'ouvrage de tant d'années, et s'évanouir les espérances qu'il fondait sur les exemples de tant d'illustres chrétiens, pouvait-il n'y être pas sensible? Il n'y a que ceux qui ont à cœur le salut des âmes, qui sentent ce qu'il en coûte dans ces sortes d'occasions; ceux qui y sont indifférents ne le comprennent pas de même.

Le 15, le régulo partit pour se rendre au lieu de son exil, avec ses enfants, ses petits-fils, ses arrière-petits-fils, au nombre de trente-sept, sans compter les princesses, femmes ou filles, qui égalaient presque ce nombre, et environ trois cents domestiques de l'un et de l'autre sexe, dont la plus grande partie avaient reçu le baptême. Plusieurs autres étaient encore catéchumènes : faute de temps, ils ont été obligés d'attendre qu'ils fussent arrivés au terme de leur voyage pour se faire baptiser.

LIMOGES. — IMPRIMERIE BARBOU FRÈRES.

BIBLIOTHÈQUE
CHRÉTIENNE
MORALE
ANNE-HENRIETTE DE FRANCE, ou Humilité parmi les Grandeurs.
ARSÈNE, ou Richesse dans la Pauvreté.
ARTHUR ET THÉOBALD.
CHARLES, ou le Guide vertueux.
ENFANT (l') DE BÉNÉDICTION.
GABRIEL.
GASPARD, ou le Cœur désabusé.
GEORGETTE ET CÉCILE.
GUILLAUME
HISTORIETTES MORALES.
HUBERT, ou l'Enfant-Vertueux.
JEANNE.
JULIE-ANGÉLIQUE.
MUETTE (la) DE CHAMONIX.
MARIE.
PETITS (les) MARTYRS.
SOUVENIRS DU JEUNE AGE
THÉRÈSE.
UNE FAMILLE CHINOISE.
VICTOIRE.
PUBLIÉE AVEC APPROBATION
DE
MGR L'ÉVÊQUE DE LIMOGES

www.ingramcontent.com/pod-product-compliance
Ingram Content Group UK Ltd.
Pitfield, Milton Keynes, MK11 3LW, UK
UKHW012221240726
13966UKWH00003B/892